The Circle

Dave Eggers

The Circle

Teacher's Guide
by Dirk Beyer and Annika Franzke

Ernst Klett Sprachen
Stuttgart

Bildnachweise

36 Klett-Archiv (Maja Merz), Stuttgart; 57 © Sergeybaron | Dreamstime.com; 59 Klett-Archiv (Maja Merz), Stuttgart; 62 getty images (Bloomberg), München; 70 Shutterstock (AngBay), New York; 71.1 Shutterstock (Seamartini Graphics), New York; 71.2 Shutterstock (EkaterinaP), New York; 71.3 © Akaprinay | Dreamstime.com; 72 © Oguzaral | Dreamstime.com

1. Auflage 1 [6543] | 2021 20 19 18 17

© Ernst Klett Sprachen GmbH, Rotebühlstraße 77, 70178 Stuttgart 2016
Alle Rechte vorbehalten.
www.klett-sprachen.de

Autoren: Dirk Beyer und Annika Franzke
Redaktion: Paul Newcomb
Layoutkonzeption: Elmar Feuerbach, Sandra Vrabec
Illustrationen: Vor- und Nachname, Firmenname mit Ort
Gestaltung und Satz: DOPPELPUNKT, Stuttgart
Umschlaggestaltung: Elmar Feuerbach, Maja Merz
Titelbild: shutterstock, (sutin krongboon), New York, NY
Druck und Bindung: CEWE Stiftung & Co. KGaA, Germering
Printed in Germany

ISBN 978-3-12-573853-9

Inhaltsverzeichnis

Abkürzungen und Symbole

AB   Anforderungsbereich

EA   Einzelarbeit

e.g.   exempli gratia (for example)

f, ff   following

GA   Gruppenarbeit

KV   Kopiervorlage

L   Lehrkraft

PA   Partnerarbeit

S*   Schülerin / Schüler

SuS*   Schülerinnen und Schüler

◐   Aufgabe für Level 1 (grundlegendes Niveau)

●   Aufgabe für Level 2 (darauf aufbauendes Niveau)

*In diesem Werk werden die Begriffe „Schülerinnen und Schüler" durch „SuS", und „Schülerin / Schüler" durch „S", ersetzt, um einen flüssigen Lesestil zu gewährleisten.

Dieses Lehrerheft bezieht sich auf die im Verlag Ernst Klett Sprachen erschienene Textausgabe von The Circle, ISBN: 978-3-12-573852-2. Verweise auf die Textausgabe werden meistens in Kurzform angegeben: **140** 6 = Seite 140, Zeile 6

I. Einführung

Dave Eggers' Roman „The Circle" porträtiert die visionelle Welt des zukünftigen digitalen Totalitarismus. Eine Dystopie, die der vollkommenen totalen medialen Transparenz sowie einer maximalen Vernetzung der gesamten Menschheit via sozialer Netzwerke entgegenstrebt. Mit der Geschichte der 24-jährigen Protagonistin Mae und ihrer Neuanstellung beim *Circle* etablierte sich Eggers' Roman im Schnellstart auf sämtlichen Bestsellerlisten und erfreut sich ebenfalls bei vielen Jugendlichen und jungen Erwachsenen größter Beliebtheit. Die einem Thriller ähnelnde Handlung wurde von der *Frankfurter Allgemeinen Zeitung* als „ein brandaktueller Roman über unsere Gegenwart (und Zukunft)" bezeichnet und stellt im Kontext des Englischunterrichts eine fundierte Alternative zu Orwells *1984* oder Huxleys *Brave New World* dar.

Bereits der Einstieg in den Roman beschreibt auf den ersten Seiten die imposante Lage und Ausstattung des futuristischen Firmenimperiums *The Circle*: Riesige Gebäude modernster Architektur, lichtdurchflutete Büros, erstklassige Restaurants, eine gigantische Bibliothek sowie diverse Parks und Sportanlagen beeindrucken nicht nur den Neuankömmling Mae Holland, sondern auch den Leser. Basierend auf den genialen Ideen und der wirtschaftlichen Raffinesse der *Drei Weisen* („The Three Wise Men") erlebt der Leser den rapiden beruflichen Aufstieg der Protagonisten hautnah mit. Mae adaptiert ihr Leben immer extremer den Bedürfnissen der Firma und entwickelt sich zur gläsernen Hauptfigur, indem sie sich der vollkommenen Transparenz zugunsten ihres neuen Arbeitgebers verschreibt. Auch die immer geringer werdenden Konfrontationen mit der sozialen Realität durch ihre Eltern, ihren Exfreund Mercer sowie den mysteriösen Liebhaber Kalden öffnen Mae nicht die Augen. Für sie zählt nur noch der Aufstieg in der Welt sozialer Netzwerke, ein Thema, das vielen SuS der heutigen Zeit definitiv bewusst ist.

1.1 Kompetenzen im Englischunterricht der Sekundarstufe II

Die Romanhandlung erscheint in erster Linie relativ subtil, zeichnet sich jedoch durch ein beträchtliches Vokabular aus. Das Anforderungsniveau der Lektüre entspricht in etwa dem C1 des *Gemeinsamen Europäischen Referenzrahmens* für Sprachen. Die Lehrerhandreichung zu Dave Eggers' „The Circle" basiert auf den aktuellen verbindlichen Kernlehrplänen und den damit veränderten Ansprüchen an die rechtlichen Vorgaben und somit verbindlichen Klausur- und Aufgabenformate der gymnasialen Oberstufe. Zu diesem Zweck werden die wesentlichen **Neuerungen** und **Schwerpunkte** in diesem Abschnitt kurz zusammengefasst:

Sprachmittlung

Neben den bereits mehrfach trainierten Kompetenzen Lesen, Schreiben, Hören und Sprechen ist nun auch das Kriterium der **Sprachmittlung** für den Kernlehrplan Englisch von zentraler Bedeutung. Der Lehrplan sieht vor, dass die SuS der gymnasialen Oberstufe in zweisprachigen Kommunikationssituationen die wesentlichen Inhalte von Äußerungen und authentischen Texten zu vertrauten, in einzelnen Fällen auch weniger vertrauten Themen situativer Kontexte, sinngemäß für einen bestimmten Zweck adressatengerecht und situationsangemessen mündlich und schriftlich in der jeweils anderen Sprache zusammenfassend wiedergeben.

KLP sowie Konstruktionshinweise zu neuen Aufgabenformaten in modernen Fremdsprachen, S. 13

Die Aufgabenstellung einer typischen Sprachmittlungsaufgabe fordert die SuS ebenfalls zu einer adressatengerechten, sinngemäßen und situationsangemessenen Sprachmittlung auf, die zugleich eine „Übertragungsleistung" von einem Ausgangstextformat in ein alternatives Zieltextformat vorsieht.

Hör-/Hörsehverstehen

In Übereinstimmung mit den curricularen Vorgaben für die gymnasiale Oberstufe ist die Überprüfung des **Hör-/Hörsehverstehens** in der Qualifikationsphase bindend. Die SuS sollen demnach in der Lage sein, Äußerungen und Hör-/Hörsehtexte in Abhängigkeit von Komplexität, Authentizität, Vertrautheit des Themas, Sprechgeschwindigkeit und Varietäten der Zielsprache zu verstehen. Der hiermit verbundene Anforderungsbereich liegt bei A I (Erfassen expliziter Informationen) und II (Erfassen von Stimmungen/Absichten des Sprechers sowie Erkennen/Verstehen impliziter Aussagen). In Klausuren spiegelt sich dies durch die Verwendung geschlossener und halboffener Aufgaben im Klausurteil B wieder. In Anlehnung an den Roman und dessen Verwendung im Unterricht können ebenfalls Auszüge aus dem *Audiobook* und diverse Interviews verwendet werden. Zukünftig stellt auch die Filmanalyse zur Romanverfilmung eine vielfältige Möglichkeit dar.

1.2 Didaktische Konzeption

In den Modulen der vorliegenden Lehrerhandreichungen wurde ein besonderes Augenmerk auf die *Binnendifferenzierung* gelegt. Auf diese Weise soll der Roman sowohl für Grundkursschüler als auch für die Teilnehmer eines Leistungskurses zugänglich sein. Jedes Modul umfasst zwei unterschiedliche Anspruchsniveaus, die durch Icons gekennzeichnet sind:

Differenzierung in diesem Handbuch

⊖   Die mit diesem Icon gekennzeichneten Aufgaben orientierten sich an den Anforderungen für ein grundlegendes Niveau (**Level 1**).

●   Die mit diesem Icon gekennzeichneten Aufgaben orientieren sich an dem darauf aufbauenden **Level 2**.

Die Aufgaben zu **Level 1** orientieren sich überwiegend an Auszügen signifikanter Textstellen des Romans und benötigen keine vollständige Kenntnis der Ganzschrift. Sie dienen als Grundstock für SuS eines Grundkurses, können aber auch von leistungsschwächeren SuS eines Leistungskurses verwendet werden. Bei Verwendung der Lehrerhandreichung für Leistungskursschüler und -schülerinnen ist eine vollständige Textkenntnis des Romans erforderlich. In diesem Fall werden sowohl die Level 1 Aufgaben als auch die dazugehörigen Level 2 Aufgaben bearbeitet. Um die SuS nicht unnötig zu verunsichern, werden die oben genannten

Anspruchsniveaus nur in der Lehrerhandreichung und nicht extra auf den Kopiervorlagen ausgewiesen.

Jedes Modul orientiert sich an den neuen Richtlinien und Kernkompetenzen des
Kernlehrplans (Sek. II). Es werden konkrete inhaltliche Lernziele formuliert, verschiedene Unterrichtsmethoden und Sozialformen verwendet, sowie detaillierte
Lösungsvorschläge gemacht. Im Anhang der Lehrerhandreichungen befinden sich
nummerierte **Kopiervorlagen (KV)** bzw. **Worksheets**, die auf die einzelnen Module
abgestimmt sind. Die Lektüre des Romans muss zu Beginn des ersten Moduls
nicht erfolgt sein. Sollte jedoch das erste Modul zu Beginn der Unterrichtsreihe
übersprungen werden, sind Textkenntnisse hilfreich. Eine chronologische Vorge-
hensweise ist demnach empfehlenswert, aber nicht verpflichtend. In allen Modulen ist eine hohe Schüleraktivierung beabsichtigt. Auf die Kernkompetenzen „Sprechen" und „Mediation" wird ein besonderes Augenmerk gelegt, da diese im „ge-
wöhnlichen" Unterricht häufig zu kurz kommen. Durch Methoden wie *5-minute
teacher* oder *Lernen durch Lehren* ist auch eine individuelle oder gruppenteilige
Erarbeitung einzelner Module oder Modulteile mit anschließender Präsentation
im Klassenplenum durchaus denkbar.

Der Roman „The Circle" befasst sich im Wesentlichen mit den Vor- und Nachteilen
sowie Gefahren sozialer Netzwerke und digitaler Kommunikation. Ziel von **Modul 1**
ist es zunächst, die SuS für das Thema *social networks* und *social media* zu sensibilisieren. Viele Mitglieder der Lerngruppen haben sicherlich eine fundierte Grund-
kenntnis bzgl. sozialer Netzwerke. Sie aktualisieren in regelmäßigen Abständen ihr
Profil bei *Facebook*, besitzen ein *I-Phone*, schreiben ihren Freunden per *WhatsApp*
oder stöbern auf *YouTube*. Eine genaue Handhabung der Produkte ist für sie kein
Problem und sicherlich sind nicht alle Erfahrungen positiver Natur, bedenkt man
z. B. die gestiegene Anzahl von Vorfällen durch Cybermobbing. Aus diesem Grund
wird zuerst das Vorwissen der SuS bzgl. gängiger sozialer Netzwerke aktiviert und
überprüft. Im **zweiten Modul** werden die Protagonistin und einige weitere Charaktere des Romans näher analysiert. Die SuS wiederholen und vertiefen wichtige
Grundlagen der Charakterisierung, visualisieren Beziehungskonstellationen und
stellen die Entwicklung von Mae Holland dar. Hierzu werden verschiedene Methoden der Charakteranalyse wie zum Beispiel Maes Gefühlsentwicklung / Sinnes-
wandel als „temperature chart", die Hauptfunktionen der „Three Wise Men" und
die Beziehungskonstellation zwischen Mae und ihrer besten Freundin Annie ange-
boten.

Im **dritten Modul** geraten wichtige Symbole, Themen und Motive in den Fokus.
KV 3.1 leitet hierzu den Gegenwarts- bzw. Realitätsbezug des Circle ein und fokussiert auf utopische und dystopische Elemente des Romans. An dieses abiturrelevan-
te Element knüpft die Thematik „American Dream and American Nightmare" an,
welche durch KV 3.2 der Frage nachgeht, ob Mae Hollands Entwicklung als typisches
Beispiel des *American Dream* angesehen werden kann. Es folgt ein Vergleich kontrastierender Elemente und Motive des Romans, wodurch deutliche Gegensätze
illustriert und analysiert werden. Abschließend diskutieren die Mitglieder der Lerngruppe, ob es sich bei der Einrichtung „Circle" um einen futuristisch-perfekten
Arbeitsplatz bzw. Arbeitgeber handelt. Auch in diesem Modul findet ein deutlicher
Bezug von Thematik und Methodik zum aktuellen kompetenzorientierten Kerncur-
riculum der Sekundarstufe II statt.

Zwei Möglichkeiten der Lernerfolgskontrolle finden sich im vierten Modul, welches die Unterrichtsreihe in Form einer Klausur und/oder mündlichen Prüfung abschließt. Diese orientieren sich an den neuen Vorgaben der Abiturrichtlinien und bilden besonders durch die mündliche Prüfung eine Möglichkeit, die neu erworbenen Kompetenzen und Kenntnisse anzuwenden und zu evaluieren.

1.3 Synopsis of the novel

Introduction / General

Mae Holland, an ordinary girl, starts a job at The Circle. The Circle is a system and a company which runs and controls everything. From its base at the campus, it has created a far-reaching control system.

Mae gets the job because of her former roommate Annie, who has a high position at The Circle.

Book I

Pages 1–83

Mae first arrives at the campus to start her new job. Her friend Annie has played a trick on her.

Later that day, Mae attends a campus party. She drinks quite a lot and starts flirting with Francis, until Annie stops that to drive Mae home.

The next day, Renata shows Annie her real workplace. She also hands Mae a new tablet and phone and tells her to get rid of all her old devices so that all her data are collected and backed up in the Cloud. Mae now meets her boss Dan, who emphasises that working for the Circle means also being a representative of the Circle. After that, Jared teaches her how to answer customer messages and get high ratings.

By the end of her first week, Mae has achieved a rating of 97, which is very high for a so-called newbie. While having lunch with Annie and two other Circlers, Mae learns about Francis' tragic past: when his parents died, two of his sisters were taken away to live in a foster care home. Thus, he now has an important role in the Circle's child security system, which has been set up to prevent child abductions (kidnapping).

In the afternoon, Mae and Annie take part in The Circle's weekly meeting, called "Dream Friday". On this occasion, Bailey introduces SeeChange, a monitoring system for which everybody can install small cameras everywhere and consequently the system can control everything. Bailey calls the present time a "Second Enlightenment", adding the slogan "All that happens must be known".

At home for the weekend, Mae's parents are proud of her. They talk about his father's multiple sclerosis ("MS") diagnosis and the problems they are having with their health insurance.

On Sunday, on her way back from her parents' place, Mae kayaks to a shore far out to sea. She starts crying because of her father's condition and also because of all the beautiful nature around her.

84–146

On Monday Mae answers a huge number of customer inquiries. She meets Francis for lunch, and they talk about ChildTrack. ChildTrack is a chip which is implanted in children's bones so that their parents can keep track of them all the time.

At the end of the workday, she meets a man named Kalden in the bathroom. He asks her for permission to watch her work. She somehow recognizes his ID card but does not know exactly who he is. Nevertheless, she allows him to watch her work. After watching her for a short time, Kalden leaves.

Mae gets a new social account and learns about PartiRank. She finds out that she has missed an important brunch.

Mae starts spending more time with Francis.

At the following Dream Friday, Gus presents the online dating service, LuvLuv, which analyzes all online data of your dates. Gus asks for a volunteer to exhibit the program and Francis suggests Mae. Horrified, Mae is analyzed, in front of a huge audience of her peers. The focus is on her food allergies and thus which restaurants would be suitable to go to on a date with her. She is embarrassed, and leaves as soon as possible. Francis follows her, trying to apologize, which she refuses to accept until Francis points out that he only used the data she shares online anyway.

In the afternoon Mae realises her mother has tried to reach her, telling her to get to the hospital.

There, Mae finds out that her father has had a seizure and that her ex-boyfriend Mercer has been a great help.

At dinner with her parents, Mae and Mercer discuss what Mae has read online about Mercer's business – he is selling custom chandeliers made of antlers. Mercer criticizes Mae's online lifestyle. After he has left, she logs on to her account and answers queries to cheer herself up.

Mae relaxes throughout the weekend. On Sunday, her father soils himself, and Mae tries to help him. Her parents now want to be alone, which makes Mae feel excluded. She goes kayaking again, and meets a man and a woman on a barge, who invite her on board for a drink. After a short conversation, Mae has to leave to return her kayak.

146–192

On Monday, Mae finds out that she has missed several messages about parties, in particular, a barbecue for newbies. Dan criticizes her behavior heavily.

At the clinic, Dr. Villalobos explains the Circle's health plan to Mae, including a biweekly check-up. Mae gets a bracelet which is a health monitor and Dr. Villalobos offers her the full program and tells her that she has just swallowed a sensor which will monitor her health on her bracelet and the Cloud.

When they talk about family issues, Mae breaks down and reports her father's state of health and their insurance problems. Dr. Villalobos suggests the company's insurance plan, about which she should talk to Annie.

Annie solves the insurance problem within four minutes and Mae's mother calls Annie 'the family's savior'. Mae meets Kalden again.

192–304

Mae improves her PartiRank drastically.

She initiates sex with Francis, who then ejaculates before they actually have sex. Mae finds out that Francis has recorded it on video. Mae meets Kalden again; he does not give her any information about what he does at The Circle. Mae realizes that Kalden seems to have access to the complete Circle and they go to the basement, where he takes her to a secret room that she must not tell anybody about. Mae kisses Kalden and he tells her all about people's transparent lives. They go on kissing and start having sex. Annie becomes suspicious about Kalden and wants to know more about him.

As the weeks go by, more official people become "transparent". Mae too becomes transparent via SeeChange cameras, and people start communicating with her and watching specifically her.

To get even more involved in The Circle, Mae starts using Conversion Rate and Retail Raw, tools which display a product's success.

When she visits her parents for dinner a few days later, she learns that Mercer has also been invited. Mercer has just given Mae's parents a new chandelier, which Mae likes so much that she takes a picture of it and posts it online together with Mercer's contact. Mercer is displeased about that and judges her online behavior as obsessive and dangerous. When Mercer leaves, Mae follows him to her car where he accuses her of being boring due to a lack of offline life.

Mae is angry and drives back to her apartment.

On her way she spots a kayak rental service which is already closed. Nevertheless, she gets herself a kayak from a locked area to kayak to Blue Island. Here, she finds peace with not knowing everything.

Arriving back at the shore, the police has been informed by an anonymous caller, as well as by a SeeChange camera, that someone has "stolen" a kayak, and they are thus waiting for her. The rental shop owner Marion does not press charges against Mae.

Book II

305–381

Mae now works as a full-time representative showing people The Circle. Her Parti-Rank is among the Top 10. Calling it "Clarification", nearly all the Washington politicians have gone transparent. All the Circle talks about the "Completion" without knowing what that may mean.

Annie returns from a business trip. She wants to work on the PastPerfect program.

Mae's parents try to avoid the SeeChange cameras.

382–461

Bailey presents his new democratic participation idea at the Concept Kingdom meeting: everybody with Circle profiles should automatically be registered and be able to vote.

A lot of unpleasant family secrets are revealed when Annie is a trial person for PastPerfect.

At Mae's next presentation, she introduces SoulSearch, a program for tracking down criminals. She presents a picture of a fugitive of the law and sends it to all of The Circle's followers, asking them to find her. The fugitive is arrested within 10 minutes. When she is asked to do another search, Mae decides to look for Mercer. He gets located within 8 minutes and Mae tells the drones to follow him, since she is enjoying this situation. After a frantic car chase, Mercer is forced to drive off the edge of a bridge and is killed.

461–486

One week after Annie's collapse and Mercer's death, Mae talks to Bailey about feeling torn apart.

She thinks she might have saved Mercer if she had been able to tell everybody what he was thinking.

When she and Bailey go to see Stenton's shark being fed, Bailey introduces her to the third Wise Man, Ty. Mae realises that Ty and Kalden are the same person. Ty hands her a note.

Mae follows the instructions in his note and goes to the subway where they had sex before. They argue about Ty concealing his identity. He tries to make her stop or slow down the Completion, since there will be more Mercers if she does not. He wants her to read a note to her viewers and promises her to run away with her afterwards.

Book III

487–491

By the end of the novel, Mae sits next to Annie, who is in a coma. Mae feels right about not reading out Ty's note but having given it Bailey and Stenton instead. Ty has been allowed to stay on the campus as an advisor. Mae has not seen her parents for quite a while.

At the end of the novel, Mae thinks people should try to find out about Annie's thoughts while she is in the coma, since not knowing is "an affront, a deprivation, to herself and to the world."

II. Modul 1: The Circle – focus on social networks and social media

2.1 Einführung

Sachanalyse

Dave Eggers' Roman "The Circle" porträtiert in erster Linie ein fiktives, global-agierendes Internetunternehmen, dessen besonderer Einfluss auf medialer Kontrolle und Überwachung basiert. Alle Mitglieder des „Circle" verfügen über ein Internet-Profil bzw. eine Internet-Identität, die nahezu ihre gesamte Persönlichkeit offenlegt. Dies führt im Verlauf des Romans zu einer zunehmenden sozialen Kontrolle und Überwachung. Je mehr und je effektiver die Menschen sich dieser Kontrolle anpassen bzw. unterwerfen, desto höhere berufliche Ziele und Erfolge können sie erwarten. Die Protagonistin Mae Holland dient dem Leser zur Illustration dieses Prozesses. Sie fungiert als Beispiel einer *American Dream* („from rags to riches"): Nach einer anfänglichen Tätigkeit in der Kundenbetreuung, die sie durch ihre Freundin Annie vermittelt bekam, gewinnt Mae zunehmend an Popularität und nutzt die verfügbaren Annehmlichkeiten der Firma (Testprodukte, Krankenversicherung, neue Technologien, Wohnung auf dem Campus, etc.). Sie entwickelt sich schnell zu einer Topmitarbeiterin, die zunehmender in den sozialen Netzwerken der Firma agiert, an Firmenveranstaltungen teilnimmt und ihr Privatleben für die vollkommene Transparenz – zum Wohle der Firma – aufgibt.

Mithilfe eines neuartigen Fitnessarmbands erfährt die Firma Daten zu Maes Gesundheitszustand, eine Kamera mit GPS bestimmt ihren Aufenthaltsort, durch regelmäßige *Onlineposts* von Bildern und Bewertungen werden ihre Vorlieben und Aversionen publik gemacht. Der totale Verlust der Privatsphäre, der letztendlich durch eine stets eingeschaltete Webcam an Maes Körper auf die Spitze getrieben wird, weist jedoch auch eine große Anzahl negativ-dystopischer Begleiterscheinungen auf. Maes Transparenz wirkt sich schädlich auf ihre sozialen Beziehungen aus. Das anfänglich sehr gute Verhältnis zu ihren Eltern und ihrer besten Freundin Annie sowie ihrem Exfreund Mercer wird zunehmend gestört und führt letztendlich sogar zu vollkommenen Beziehungsabbrüchen und Mercers Tod.

Ein Ziel des Romans ist demnach eine beidseitige Betrachtung der Thematik. Neben den Vorzügen sozialer Netzwerke und digitaler Medien wie zum Beispiel *Facebook, WhatsApp, Instagram und SnapChat* erfolgt ebenfalls in Modul 1 eine Sensibilisierung für deren Gefahren.

Lernziele

Die SuS können:

- ihr Vorwissen bzgl. der Vor- und Nachteile unterschiedlicher Medien und sozialer Netzwerke aktivieren, zusammenfassen und präsentieren;
- Arbeitsergebnisse und Präsentationen darbieten und dabei ggf. auf Nachfragen eingehen;

- Gehalt und Wirkung von Texten erschließen;
- ein erweitertes Spektrum von Medien, Strategien und Darstellungsformen nutzen, um eigene Texte – mündlich wie schriftlich – adressatenorientiert zu stützen;
- Informationen und Argumente aus verschiedenen Quellen in die eigene Texterstellung sachgerecht einbeziehen und Standpunkte begründen.

2.2 Advantages and disadvantages of social networks and social media

Übersicht der Unterrichtseinheiten

Materialien:	Kompetenzen:
KV 1.1: Bildimpuls (Kopie auf Folie) Lektüre, Auszüge KV 1.2: Social Media – blessing or curse?	Text- und Medienkompetenz Fkt. Kommunikative Kompetenz Interkulturelle kommunikative Kompetenz

Ablauf	Impulse	Sozialform Methode
a) Brainstorming/ Vorwissensaktivierung zum Thema *social media*	Bildimpuls (KV 1.1): Logo(s) sozialer Netzwerke; Chancen und Möglichkeiten sozialer Netzwerke thematisieren	Unterrichtsgespräch
b) Untersuchung eines *social media profiles* aus verschiedenen Perspektiven	(KV 1.2) Handy- oder Computerbenutzung; Informationsgehalt extrahieren; metaperspektivische Analyse der Informationen (Perspektiven: Freund, Lehrer ◒ [Level 1], möglicher Arbeitgeber ● [Level 2])	TA/Tandem GA
c) Vor- und Nachteile sozialer Netzwerke sammeln	Arbeitsauftrag aus KV 1.2	EA GA
d) Vor- und Nachteile sozialer Netzwerke (Ergebnisse der GA) sammeln/ präsentieren	Summarize your major pros and cons. ◒ [Level 1] OR Prepare a five-minute talk focussing either on advantages or disadvantages of social media profiles. ● [Level 2]	Sammelphase ODER Diskussion

Didaktische Anmerkungen

Die Unterrichtssequenz beginnt mit einem *stummen Bildimpuls*. Die Lehrperson legt eine Folie (KV 1.1) auf, welche zwei *Icons* eines sozialen Netzwerks darstellt. Die SuS berichten zunächst alles, was sie mit der Abbildung assoziieren (*Vorwissensaktivierung*) und welche Erfahrungen sie bereits mit sozialen Netzwerken gemacht haben. Bei geringer Beteiligung kann dies auch nach zweiminütiger Bedenkzeit als

Blitzlicht ablaufen oder durch Impulsfragen (*z. B. What can you see in the picture? What do the symbols mean? Do you like what you see? Do you have a social media profile?*) unterstützt werden. Die Ergebnisse werden an der Tafel / auf Folie, oder auf farbigen Blättern, die eine direkte thematische Unterscheidung ermöglichen, gesammelt. Im zweiten Schritt erfolgt die gemeinsame Kategorisierung. Im Rahmen der Binnendifferenzierung (zum Beispiel LK) können die SuS auch zuerst in EA Oberbegriffe finden und anschließend in PA eine Systematik bzw. Zuordnung finden lassen und die Ergebnisse dem Plenum präsentieren [**Level 2**].

Individuelle Lösung

KV 1.2 Social Media – blessing or curse?
Didaktische Anmerkungen

KV 1.2 zielt maßgeblich auf die Vor- und Nachteile sozialer Netzwerke ab. Die SuS setzen sich zunächst kritisch und aus metakognitiver Sicht mit ihrem eigenen *social media profile* auseinander (z. B. Instagram, Facebook, Snapchat o. ä.). Falls ein(e) S kein eigenes Profil besitzt order seines nicht verwenden möchte, so kann er/sie alternativ ein fiktives englisches Profil anlegen oder ein bestehendes Profil auf Englisch umstellen. Ein(e) S (SchülerIn A) betrachtet gemeinsam mit einem Partner (SchülerIn B) dazu sein/ihr Profil, wobei SchülerIn B die dadurch gewonnenen und auf ihn/sie wirkenden Informationen benennt. SchülerIn A gibt zu diesen Informationen ein kurzes Feedback. Im zweiten Schritt versetzt sich SchülerIn B in die Rolle einer L und schildert die Wirkung des *social media profiles* aus seiner Sicht. Nach einem kurzen Feedback werden die Rollen gewechselt. Leistungsstarke SuS können einen dritten Durchgang aus Sicht eines potentiellen Arbeitgebers durchführen [**Level 2**].

Ziel der Aufgabe ist es, die SuS für die Informationen (persönliche Details, Fotos, Pinnwandeinträge, Verlinkungen etc.) zu sensibilisieren. Viele erkennen z. B. ein unangemessenes Foto in ihrem *profile* erst, wenn sie es aus der Sichtweise einer L (oder Arbeitgebers) wahrnehmen. Im nachfolgenden Schritt bilden zwei 2er-Gruppen eine 4er-Gruppe und erstellen eine Liste mit Vor- und Nachteilen sozialer Netzwerke, in welche sie die neuen Erfahrungen einbeziehen. Die Ergebnisse werden anschließend tabellarisch im Plenum an der Tafel gesammelt [**Level 1**] oder von ausgewählten SuS in Form einer *five-minute teacher presentation* vorgestellt [**Level 2**].

Aufgaben und mögliche Lösungen

1. Work with a partner:

Work with your English social media network profile. Summarize the information offered on the profile. By doing so, describe the character of the person from the perspective of (a) a friend, (b) a teacher and (c) a possible future employer. Individuelle Lösung.

2. Team up with another pair.

Compare the advantages and disadvantages of social media networks.

Mögliche Vorteile: creating/keeping social connections, being informed, large variety of friends, used to confirm dates and activities, sharing information/pictures, advertisement, sharing interests, source of employment (etc.)

Mögliche Nachteile: cyber bullying, too much misinformation, addiction, students spend too much time on social media sites causing problems at school, less face to face communication, lack of attention to real people (etc.).

2.3 Welcome to The Circle

Übersicht der Unterrichtseinheiten

Materialien:	Kompetenzen:
KV 1.3: Circle-Abbildung (Kopie auf Folie) KV 1.4: Circle-Abbildung mit Textstellen (ggf. auf Folie) Lektüre Fishbowl-Aufstellung	Leseverstehen, methodische Kompetenz, Verfügbarkeit sprachlicher Mittel; Fkt. kommunikative Kompetenz

Ablauf	Impuls	Sozialform Methode
a) Bildimpuls (KV 1.3) betrachten und beschreiben	Stummer Impuls	Unterrichtsgespräch
b) Brainstorming zum *Circle* als Institution	*What do you know about the Circle?*	Unterrichtsgespräch (or Think-Pair-Share)
c) Fokussierung auf Textpassagen; Lesen der Textstellen in Kleingruppen; Notizen machen zum *Circle*	KV 1.4 Arbeitsteiliges Lesen der Romanauszüge und Vorbereitung einer Fishbowl zur Leitfrage: *The Circle – a closed or open system?*	EA – TA – GA
d) Fishbowl ● [Level 2]/ Diskussion ◖ [Level 1]	*Is the Circle a closed or open system?*	Plenum

Didaktische Anmerkungen

Nach einer ersten Sichtung des Originaltextes erfahren die SuS, dass die Protagonistin Mae immer mehr in die Fänge des fiktiven Internetunternehmens „The Circle" gerät. In diesem Teil der Unterrichtseinheit wird die Konzeption und der Einfluss der Institution thematisiert und diskutiert. Dave Eggers lässt in seinem

Roman die Frage offen, ob es sich bei dem Circle um ein „offenes oder geschlossenes System" handelt. Es ist fraglich, ob die Charaktere dem *Circle* noch entfliehen können oder in ihm gefangen sind. Diese Frage soll nach einer Vorwissensaktivierung sowie Rechercheaufgabe **(KV 1.2)** am Text in einer offenen Gruppendiskussion **[Level 1]** der nach der *Fishbowl*-Methode mit verteilten Rollen **[Level 2]** diskutiert werden.

KV 3–5 The Circle
Didaktische Anmerkungen

Die **KV 1.3** zeigt den *Circle* als offenes System, vergleichbar mit der graphischen Darstellung auf dem Cover der englischen Romanvorlage. Die Abbildung wird entweder auf Folie kopiert oder den SuS als Kopie ausgehändigt. Die SuS sammeln nun ihr Vorwissen zum Roman. Dies kann je nach Kurs und Gruppengröße im Plenum oder als *Think-Pair-Share* Prozess ablaufen. Mithilfe der weiteren Kopiervorlage **(KV 1.4)** sichten die SuS in Kleingruppen (max. 4 SuS) verschiedene Auszüge der Ganzschrift, die sich mit der Beschreibung sowie den Vor- und Nachteilen des fiktiven Unternehmens befassen. Die Gruppenarbeit ist binnendifferenziert konzipiert und steigt im Anspruchsniveau und in der Textmenge systematisch an. Es besteht ebenfalls die Möglichkeit, die einzelnen Gruppen oder Textstellen mehrfach zu verteilen oder innerhalb einer Gruppe zu unterteilen. Zum besseren Textverständnis ist ebenfalls die Verwendung von Wörterbüchern und Annotationen empfehlenswert. Die SuS lesen die Textstellen und extrahieren in Stichpunkten/Satzphrasen wichtige Eigenschaften des „Circles" sowie dessen Vor- und Nachteile. Anmerkungen zur Leitfrage („The Circle – A closed or open system?") können auf Arbeitsblatt 1.5 verschriftlicht werden. Anschließend erfolgt die Gruppendiskussion bzw. *Fishbowl*-Diskussion zur Thematisierung der Leitfrage. Im Falle der *Fishbowl* werden je ein Vertreter der jeweiligen Arbeitsgruppen, ein Protokollant sowie ein Moderator der Diskussion im Innenkreis benötigt. Die Vertreter können dann ggf. durch Mitschüler des Außenkreises substituiert werden.

Aufgaben und mögliche Lösungen

1) You are going to be assigned to a topic together with a maximum of three other students. Analyze the scenes given to your group, focusing on the features of the Circle, and prepare a description of the Circle including its advantages and disadvantages as shown in the text extracts.

Gruppe	Seiten	Mögliche Lösungen
Group 1	1–2; 4–5; 18–20.	Vast and rambling; Pacific colour; former shipyard; drive-in movie theatre; flea market; tennis courts; volleyball court; four hundred acres of brushed steel and glass; red cobblestones; tiles with inspirational messages; main door with circle logo; front hall as large as a cathedral; gym; Renaissance building with forty-foot atrium; hidden library. → *Vastness demonstrating the amazing and outstanding influence of the Circle* → *High attractiveness for its employees* → *Hidden buildings/rooms, hinting that actions happened secretly*
Group 2	40–43; 46–50.	Customer Experience Area; oversized tablet on Mae's desk, replacing all of Mae's electronic devices; everything ergonomically perfected; invisible fingerprint ink; data on Circle's servers; CORE BELIEFS: "community first, humans work here/ no automatons/ no robots"; humanity is respected; opinions dignified; communication → *understanding; clarity, use of Circle's media tools.* → *Ambivalence of the Circle is shown (boilerplates vs. robots)* → *Apparently perfect working conditions for Mae* → *Personal life adapted to working conditions* → *Mae has to reveal (and subjugate) all her private life and data to The Circle*
Group 3	94–98; 106–108; 310–311.	Mae's participation in extracurricular Circle activities; use of Circle social media tools; online presence is integral to work at the Circle; everything is connected; Mae gets her ZING account; Mae is informed about the expected minimum amount of ZINGs per day; Mae gets reprimanded for not going to the Portugal Brunch at Alistair's; Mae becomes a fully accepted and important member of the Circle society; Mae dedicates her complete life and privacy to The Circle. → *The Circle's influence on Mae increases.* → *The Circle becomes the dominant part of Mae's life.* → *Mae starts becoming transparent by wearing a SeeChange camera showing her life to millions of watchers.*
Group 4	189–195; 270–281; 452–461.	Mae is scolded because of her bad party rank and not telling anybody about her hobbies and private life; Mae is observed via SeeChange while "borrowing" a kayak; Mae has to confess her wrongdoing to Bailey; Mae lets Mercer be chased as a victim for the new SoulSearch program; Mercer is followed by millions of watchers, cars, drones etc.; Mercer is killed, and Mae feels responsible for his death. → *The negative influence of the Circle is demonstrated.* → *Mae's family and friends are replaced by Circlers, watchers and social media.* → *The Circle is responsible for Mercer's death.*

2) Now you are going to take part in a group OR fishbowl discussion in which you will assess whether the Circle is an open or closed system.

Individuelle Lösung.

2.4 Mediation – Civil Courage vs. Hate Campaigns

Materialien:	Kompetenzen:
Tafel Bildimpuls (Kopie auf Folie/Beamer) KV 6 (Sprachmittlung)	Lesekompetenz, Sprachmittlung, Verfügbarkeit sprachlicher Mittel, funktionale kommunikative Kompetenz, interkulturell kommunikative Kompetenz

Ablauf	Impuls	Sozialform Methode
a) Blitzlicht/Meinungsbild zum Thema „online civil courage"	*Do people need civil courage online?*	Unterrichtsgespräch
b) Vorwissenaktivierung "Facebook and hate campaign"	Bildimpuls "Zuckerberg and Merkel" *Describe the picture.* *Analyse the picture/situation.* *Reflect on the importance of their meeting.*	EA Unterrichtsgespräch
c) Textsichtung	*Aufgabe auf KV*	EA
d) Präsentationsphase	*Present your results in class (or groups) by summarizing the major aspects of the article in English.*	EA Unterrichtsgespräch

Sachanalyse/ Didaktische Anmerkungen

In Zeiten von Cybermobbingattacken und von internationalen Hetzkampagnen, die auch vor Schulen und sozialen Institutionen keinen Halt machen, versuchen immer mehr *social media groups* Gegenmaßnahmen zu initiieren. Nach einer Aufforderung verschiedener deutscher Politiker (u. a. Angela Merkel) im Jahr 2015, entscheidet sich auf Facebook weltweit, entschiedener gegen Hetzkampagnen, Cybermobbing und Ausländerfeindlichkeit im Netz vorzugehen.

Modulabschnitt 2.4 beginnt aus diesem Grund mit einer kurzen Einleitungsfrage an die Lerngruppe, die entweder als Blitzlicht oder Meinungsbild geäußert werden kann. Die SuS nehmen hierbei zur Frage *Do people need civil courage online?* begründet Stellung. Die Lehrkraft kann geäußerte Beiträge zunächst an der Tafel oder auf roten (–) oder grünen (+) Papierstreifen sammeln und von den Mitgliedern anschließend nach unterschiedlichen Kriterien sortieren lassen. Diese Kriterien können z. B. sein: *Umsetzbarkeit, Aktualität, persönliche Betroffenheit, Dringlichkeit.*

Überleitend wird der Lerngruppe ein Foto von Mark Zuckerberg und Angela Merkel (KV 1.6) gezeigt, die gemeinsam diskutieren. Die Lehrkraft thematisiert das Bild nach dem 3-Schritt-Verfahren: *(1) Describe the picture, (2) Analyse the picture/ situation (e.g. What are they talking about?) (3) Personal statement/opinion (e.g. Reflect on the importance of their meeting.)*

Basierend auf dem gezeigten Foto leitet die Lehrkraft zu einer Sprachmittlungsaufgabe (Mediation) über. *Sprachmittlungsaufgaben* stellen nach den neuen Richtlinien und Lehrplänen eine mehr in den Fokus gerückte Kompetenz dar, deren Funktionalität und curriculare Grundlagen bereits in **Abschnitt 1.1** genauer erläutert wurden.

KV 1.7: Didaktische Anmerkungen

Als Schnittstelle zwischen dem Foto von Merkel und Zuckerberg dient ein Zeitungsartikel aus dem „Spiegel", der ein Statement der Facebook-Agentur durch die Top-Managerin Sheryl Sandberg repräsentiert. Das Image vieler sozialer Netzwerke ist in den letzten Jahren immer mehr durch Cybermobbing und Onlinehetzparolen in Verruf gekommen. Trotz der offensichtlich massiven Anzahl Betroffener ist eine direkte Intervention rechtlich nur sehr eingeschränkt möglich. Auffallend war ein deutliches Aktivwerden des Facebookkonzerns zu Beginn des Jahres 2016. Zuckerberg und Sandberg zeigen sich bereit etwas gegen die Veruntreuung ihres Konzerns zu tun. Für die SuS stellt die KV 1.7 nicht nur eine Schnittstelle zur erläuterten Thematik, sondern auch eine Förderung der Sprachmittlungskompetenz dar. Gemäß den Richtlinien der Sprachmittlung wenden die SuS zunächst Lesestrategien an und heben die wichtigsten Informationen farblich hervor. Auf diese Weise werden komplexe Strukturen des Textes auf deren Kerngehalt reduziert und wichtige Hauptaussagen extrahiert. Im zweiten Schritt findet eine Übertragung des schriftlichen Textes in eine mündliche Präsentation statt. Das Szenario des „bilingual classroom debate club" stellt für die SuS eine relativ authentische Sprachsituation dar, da viele Schulen in der heutigen Zeit über Debatierclubs verfügen und an Debatierwettbewerben teilnehmen. Mithilfe der Aufgabenstellung soll das globale Verständnis des Artikels gesichert und die Kernaussagen mündlich präsentiert werden. Leistungsfähige Kurse **[Level 2]** können an dieser Stelle eine tatsächliche Debatte/Diskussion im Anschluss an die Präsentation stellen.

Aufgaben und mögliche Lösungen

1. Point out the most important information of the article (in English!).

- Facebook is accused of not working hard enough against hate campaigns, thus it is trying to improve its image.
- Facebook committed itself to reacting to hate campaigns within 24 hours, and to acting on the basis of German Law, not of its own Law.
- When Zuckerberg was sitting next to Merkel at an event, she asked him whether he would improve Facebook's handling of hate campaigns. Zuckerberg said he would, and this conversation was accidentally recorded.
- Nevertheless, Facebook tries to let the community regulate itself, rather than punish Facebook users for bad behavior.
- Facebook's manager, Sheryl Sandberg, announced that she would be working with partners from now on – three having already been announced.

2. Prepare your presentation. You can prepare cue cards as well.

Individuelle Lösung.

III. Modul 2: Characters and relationships

3.1 Einführung

Wie bereits in **Modul 1** verdeutlicht, dominiert die Protagonistin *Mae Holland* in vielfältiger Weise den Verlauf der Romanhandlung. Hierbei spielen nicht nur Maes Charaktereigenschaften, sondern auch ihre vielfältigen Beziehungskonstellationen sowie ihre persönliche Entwicklung als *round character* eine wichtige Rolle. Funktionen und Ziele dieses Moduls liegen in erster Linie darin, dass die SuS einen detaillierten Bezug zu den wichtigsten Charakteren des Romans – vordergründig Mae Holland – erhalten. Maes berufliche Entwicklung sowie ihre persönlichen Beziehungen zu anderen Charakteren des Romans verändern sich infolge ihres enormen Lebenswandels rapide. Während sich ihre Beziehung zum *Circle* und zu den dort arbeitenden Mitarbeitern zunächst immer weiter verbessert, distanziert sie sich zunehmend von engen Bezugspersonen wie ihrer Familie und engen Freunden. Auf der inneren Suche zwischen Ruhe und Einsamkeit während des Kanufahrens und vollkommener Transparenz durch eine umgehängte Webcam wirkt sie auf die Leser des Romans nicht nur faszinierend, sondern auch ambivalent. Genau diese Ambivalenz spiegelt ihre Achterbahn der Gefühle in verschiedenen Textauszügen des Romans wieder und wirkt als Ausgangspunkt des **temperature chart (KV 2.1)**.

Des Weiteren wurden neben Mae die *Three Wise Men* als Schwerpunkt für **KV 2.2** ausgewählt. Sie stellen die Basispfeiler des „Circles" dar, treten jedoch nur an wenigen Stellen des Romans in den Vordergrund. Als besonders wichtig zeichnet sich die Doppelfunktion der Person Ty Gospodinov, alias Kalden, aus, der zum einen der kreative Kopf hinter dem *Circle*-Gedanken ist und zum anderen in seiner Doppelrolle Mae vor den Gefahren des Unternehmens warnt.

Eine visuelle Darstellung von *Mae's relationships* und deren Entwicklung erfolgt durch die Aufstellungsmethodik anhand von Standbildern und Skulpturen.

Abschließend wird die freundschaftliche Beziehung zwischen Annie und Mae anhand der *state-of-friendship-walk*-Methode **(KV 2.3)** näher beleuchtet. Annie und Mae unterscheiden sich in vielerlei Hinsicht voneinander. Annie stammt aus einer reichen und einflussreichen amerikanischen Familie, deren Geschichte sich durch den Circle bis auf die Gründerväter zurückverfolgen lässt. Sie arbeitet extrem effizient und gehört zur Gruppe der vierzig einflussreichsten und wichtigsten Mitarbeiter des *Circles*, so dass Annie auch für Maes Anstellung dort verantwortlich ist. An verschiedenen Stellen des Romans wird Mae durch Annie unterstützt, womit sie ihr ebenfalls zum schnellen Aufstieg im Unternehmen verhilft.

Lernziele

Die SuS:

- analysieren den Text und suchen relevante Auszüge aus, die die Entwicklung der Hauptperson bzw. der wichtigsten Beziehung im Roman (Mae ⟷ Annie) darstellen;

- aktivieren und erweitern ihr Basiswissen der Charakterisierung von Haupt- und Nebencharakteren des Romans;
- können eigene Standpunkte klar darlegen und begründen sowie divergierende Standpunkte abwägen, bewerten und kommentieren;
- können Arbeitsergebnisse und Präsentationen darbieten und dabei ggf. auf Nachfragen eingehen.

3.2 Mae's attitude towards the Circle – temperature chart

Übersicht der Unterrichtseinheiten

Materialien:	Kompetenzen:
KV 2.1a–c Roman Beamer, KV auf Folie	Leseverstehen, methodische Kompetenz, Verfügbarkeit sprachlicher Mittel; Fkt. kommunikative Kompetenz

Ablauf	Impuls	Sozialform Methode
Blitzlicht „Mae's attitude towards the Circle"	*Does Mae love her new job?*	Blitzlicht, Plenum
a) Die SuS sichten vorgegebene Textstellen bzw. suchen nach signifikanten Textstellen, die Maes Einstellung zum „Circle" als Arbeitsplatz beschreiben.	*Have a closer look at the text extracts and put them into chronological order. How do they illustrate Mae's attitude towards the Circle?* *Skim through the novel and find significant text extracts which illustrate Mae's attitude towards the Circle. You can use Support Sheet 2.1c if necessary.*	Think-Pair-Share EA, GA
b) Die SuS analysieren die Textstellen und reduzieren die Informationen bzgl. Maes *attitude* zu Adjektiven.	*Analyze the text extracts and find adjectives which explain Mae's attitude towards the Circle.*	GA
c) Die SuS bewerten Maes Stimmung und tragen die Textstellen chronologisch in das Koordinatensystem ein.	*Find the text extracts/adjectives which describe Mae's personal attitude, then sort them, in chronological order, into the coordinates system.*	GA „Temperature Chart"
d) Verschiedene Grafiken werden (ggf. auf Folie kopieren) im Plenum besprochen und diskutiert.	*Present your group's results in class.*	Plenum

Sachanalyse / Didaktische Anmerkungen

Die Methode *temperature chart* dient in erster Linie dazu, die Entwicklung von Maes Gefühlslage in verschiedenen Situationen des Romans hinsichtlich ihrer neuen Arbeitsstätte visualisieren und analysieren zu lassen. Die SuS verwenden zu diesem Zweck die **KV 2.1a**. Auch in diesem Fall wird zwischen **Level 1** und **Level 2**

◒ differenziert. Die SuS, die sich mit **Level 1 Aufgaben** beschäftigten, erhalten ausgewählte Textstellen **(KV 2.1b)**. Leistungsstarke Schülergruppen werden gemäß der
● **Level 2 Aufgaben** dazu angehalten, eigenständig nach Textstellen im Roman zu
suchen, da ihnen die vollständige Ganzschrift bekannt ist.

Maes Einstellung zu ihren Tätigkeiten beim *Circle* ist überwiegend durch positive
Einflüsse geprägt. Auffallend ist hierbei ihre besonders schnelle Karriere, in der sie
sich innerhalb weniger Monate von der Kundenberatung zu einer der führenden
Mitarbeiterinnen entwickelt. Sie lernt das utopische Ambiente, die Freundlichkeit
der Kollegen, das moderne Equipment und die schnellen Aufstiegschancen sehr zu
schätzen. Sie ist offen für Neues und lässt die vielen neuen Eindrücke und Erfahrungen auf sich wirken. Kleine Fehltritte und leichte Rückschläge, wie zum Beispiel
ihre versäumte Teilnahme bei *Alistair's Portugal brunch*, ihre „Festnahme" in der
Bucht, ihr anfänglich niedriges Ranking sowie ihre Konflikte mit Mercer und Annie
sieht Mae als Ansporn, ihre beruflichen Leistungen immer weiter zu verbessern.
Dem Leser wird schnell deutlich, dass ihre berufliche und private Entwicklung überwiegend gegensätzlich verläuft. Je erfolgreicher sie sich dem Unternehmen verschreibt, desto mehr distanziert sie sich von ihrer Familie und ihren Freunden. Ähnlich wie in Berthold Brechts „Gutem Mensch von Sezuan" lernt die Protagonistin
schnell, dass beruflicher und privater Erfolg für sie nicht kompatibel sind. Ihre Einstellung und Loyalität widmet sie nahezu ausschließlich ihrem Job und den damit
verbundenen Aufgaben.

KVen 2.1a–c
Didaktische Anmerkungen

Das Arbeitsblatt **KV 2.1a** dient den SuS als gesonderte Visualisierung von Maes
Gefühlslage hinsichtlich einiger signifikanter Textstellen. Der Fokus liegt hierbei
besonders auf ihrer beruflichen Einstellung, lässt aber einige Eindrücke aus ihrem
Privatleben nicht außer Acht. Von den SuS wird in diesem Fall ein hohes Maß an
Empathie verlangt, da sie sich zur Bearbeitung der Aufgabe in die Gefühlslage der
jungen Frau versetzen müssen, sofern der Erzähler keine Andeutungen zu ihrem
◒ Gefühlsleben im Text ergänzt. Im **Level 1** stehen der Lerngruppe hierzu sieben ausgewählte Textstellen zur Verfügung **(KV 2.1b)**, anhand derer sie *Mae's attitude* sub-
jektiv auf der y-Achse chronologisch vermerken können. Durch Verbindung der
● Punkte ergibt sich ihre „Stimmungskurve". Im **Level 2** suchen die SuS eigenständig
nach wichtigen Textstellen, können aber das Arbeitsmaterial der Handreichung als
support material [Hilfekarten **(KV 2.1c)**] verwenden. Im weiteren Verlauf ist es ebenfalls sinnvoll, Maes Gefühlslage hinsichtlich ihres Privatlebens aufzuzeichnen, so
dass der Kontrast und entgegengesetzte Verlauf visualisiert wird. Die unterschiedlichen Graphiken können anschließend auf Folie kopiert, von den Arbeitsgruppen
präsentiert und im Plenum diskutiert werden. Aufgrund der vielfältigen Ergebnisse
einzelner Arbeitsgruppen und der Analysemöglichkeiten basierend auf subjektiven
Meinungsbildern findet zugleich eine Ergänzung zu Maes Charakterisierung (siehe
Modul 2) statt.

Mögliche Textstellen und Lösungen

(**1** 1 = Page 1, line 1)

Nr. (siehe Zahlen in der Graphik)	Textstelle – Inhalt	Mae's attitude towards the Circle (adjectives)
1	**1** 1; **4** 14–15: My God, ... *proud.*	*excited; fascinated; slightly shy; astonished*
2	**30** 19–20 and 22–27: Mae knew ... make utopia?	*overwhelmed; absolutely satisfied; happy; delighted; overjoyed*
3	**106** 8 and 27–28: Mae's mouth ... certain.	*nervous; insecure*
4	**109** 21–23 and **112** 5–6 In quick succession, ... in the world.	*uneasy; awkward; relieved; overwhelmed; joyful*
5	**271** 7 and 21; **272** 1–2 and **273** 11–14: Mae sat ... the police.	*miserable; troubled; depressed; sad; pathetic; afraid; nervous; scared*
6	**331** 1–9: "Mae." She wanted ... heard it.	*strong; fearless; self-confident; strong; empowered; able*
7	**491**: Mae had not ... was thinking.	*euphoric; overjoyed; powerful; important; influential; motivated; over-confident*

Mögliches Ergebnis

(Die Zahlen in der Grafik beziehen sich auf die Adjektive in der Tabelle oben. Die möglichen Seitenzahlen, die SuS auch in die Grafik eintragen sollen, stehen auch in der Tabelle. Da die „7" offen interpretierbar ist, steht hier keine eindeutige Lösung).

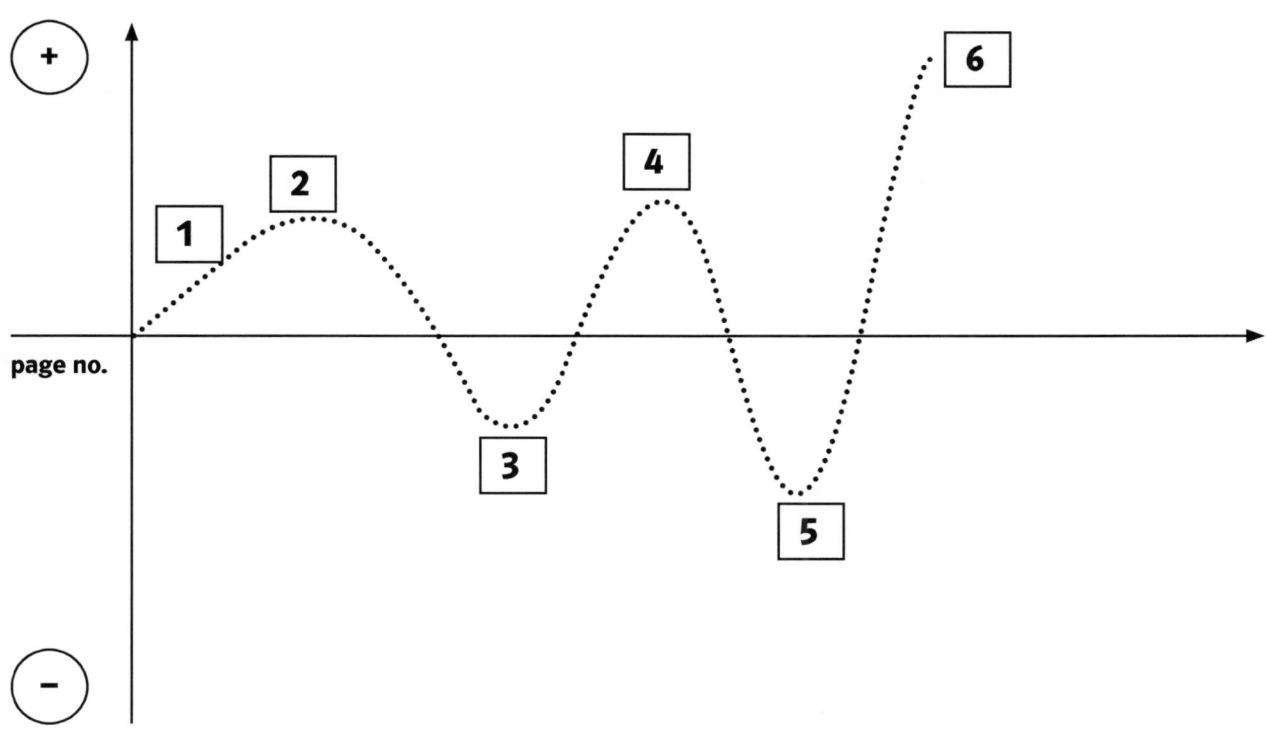

3.3 The Three Wise Men

Übersicht der Unterrichtseinheiten

Materialien: OHP KV 2.2 (ggf. auf Folie kopieren) Roman BUS-STOP	Kompetenzen: Leseverstehen, methodische Kompetenz, Verfügbarkeit sprachlicher Mittel; Fkt. kommunikative Kompetenz

Ablauf	Impuls	Sozialform Methode
a) Aufteilen der Lerngruppe in drei Subgruppen.	*You will be assigned to one of the Three Wise Men.*	Plenum
b) SuS charakterisieren in Einzelarbeit die *Three Wise Men* und vergleichen ihre Ergebnisse mit einem Gruppenpartner am BUS-STOP.	*Describe the characters of the Three Wise Men. Focus on their major functions.*	EA, GA Think-Pair-Share BUS-STOP
c) Besprechung der Ergebnisse im Plenum / Vergleich mit dem Lösungsblatt.	*Present your results in class.*	*Plenum*
d) Mischung der Gruppen zu 3er-Teams und Erarbeitung der Circle-Funktion(en) der *Three Wise Men mit dem KV auf Folie.*	*Work in groups of three and describe the function of the Three Wise Men by focusing on the character traits analyzed above. Organize your findings in and around the triangle.* *Prepare a short presentation.*	KV KG
Präsentation der Ergebnisse im Plenum.	*Use your transparency to present your results in class.*	

Sachanalyse

Der erste Auftritt der *Three Wise Men* ergibt sich durch ein Gemälde, das Annie Mae während einer Erkundungstour durch den *Circle*-Komplex zeigt (Roman: **19** ff.). Die Namensgebung der drei *Gründerväter* („Wise Men") hat sehr wahrscheinlich eine biblische Bedeutung: sicherlich gibt es eine Anspielung auf die „Weisen aus dem Morgenland bzw. die Heiligen Drei Königen", die Jesus nach seiner Geburt zu Bethlehem Geschenke brachten. Ebenso auffallend ist die Tatsache, dass Eggers' *drei* Gründungsmitglieder für seinen Roman ausgewählt hat, da die Zahl „3" in der Religion vielsagende Bedeutung hat (z. B. Dreifaltigkeit, hinduistische Mythologie, chinesische Dreifaltigkeit etc.). Der Vergleich liegt nahe, dass Ty Gospodinov (alias Kalden), Eamon Bailey und Tom Stenton von den Mitarbeitern der *Circle*-Company fast wie Götter verehrt werden.

Vor dem Gemälde stehend erklärt Annie, dass Ty Gospodinov der eigentliche Kopf des Unternehmens ist. Er ist noch relativ jung und scheint ein hochbegabter Autist mit einem Masterabschluss im Managementbereich zu sein. Gegenüber der Öffentlichkeit und den Medien reagiert er sehr scheu und mysteriös und wurde seit längerer Zeit nicht mehr auf dem *Circle*-Campus gesichtet. Diese Tatsache ermöglicht ihm, die Doppelfunktion als *Kalden*, der im Roman eine weitaus höhere Präsenz zeigt, aufzunehmen. Zur Umsetzung seiner *TruYou-Circle*-Idee, die die (Online-)Identität eines jeden involvierten Menschen offenlegt, wurde das Gründerteam durch Tom Stenton und Eamon Baily ergänzt. Eggers beschreibt Tom Stenton als reichen, alleinstehenden und anachronistisch-gefährlichen Investmentbanker, der nicht als Sympathieträger bei den Circle-Anhängern bekannt ist. Umso weniger ist es fraglich, dass die Außenwirkung des *Circles* nahezu vollständig von Eamon Bailey ausgeht, dem *public face* des Unternehmens, der in regelmäßigen showähnlichen Veranstaltungen die Neuigkeiten des Unternehmens für die Öffentlichkeit publik macht. Neben seinen Charaktereigenschaften als lustiger, aufgeweckter und sympathischer Dauerlächler bestimmt auch das tragische Schicksal seines erkrankten Sohnes die Aufmerksamkeit und das Mitgefühl des Publikums.

KV 2.2: Didaktische Anmerkungen

Die vorliegende **KV 2.2** widmet sich vordergründig einer ersten Charakterisierung der drei Gründerväter sowie deren Einfluss auf die erfolgreiche Entwicklung des *Circle*. Hierzu arbeiten die SuS zuerst nach der *Think-Pair-Share-Methode* mit integrierter *Bus-Stop-Methode*: Die Lerngruppe wird im ersten Schritt in drei Kleingruppen unterteilt, wobei jeder Kleingruppe einer der „Three Wise Men" zugeordnet wird. Die Einteilung kann auch nach Interessenlagen oder einfach per Losverfahren entschieden werden. Anschließend erhalten die SuS ausgewählte Textstellen (siehe Tabelle unten), die sie für ihre Charakterisierung nutzen können. Leistungsstarke SuS können auch alternative oder zusätzliche Textstellen verwenden. Im Klassenraum werden nun zwei Treffpunkte vereinbart (ggf. grafisch visualisiert), an denen sich fertige SuS zum Übergang in die zweite Phase treffen können. Sie tauschen dort (am sog. *Bus-Stop*) ihre Ergebnisse aus, korrigieren und erweitern diese auch gegebenenfalls. Die genauen Ergebnisse können anschließend entweder im Plenum gemeinsam besprochen werden, oder die L stellt den SuS das Lösungsblatt zur Selbstkontrolle zur Verfügung.

Nun werden die Kleingruppen neu gemischt, so dass jeweils ein/e bis drei SuS aus verschiedenen Gruppen zusammenkommen. Jede/r S ist nun Experte für einen der *Three Wise Men*. Gemeinsam arbeiten sie nun die konkreten Funktionen und Positionen heraus, die die Männer hinsichtlich des *Circles* haben. Als Vorlage dient ein Dreieck, an dessen Enden die Namen der Charaktere geschrieben werden. Innerhalb des Dreiecks werden die wichtigen Funktionen der einzelnen Männer für den Circle fixiert, außerhalb des Dreiecks Adjektive für wichtige Charaktereigenschaften (ggf. mit Textbeleg/Seitenzahl).

Aufgaben und mögliche Lösungen

Task I:

Describe the characters of the Three Wise Men. Focus on their major functions.

You will be assigned to one of the Three Wise Men.

First you will work alone. When you have finished, you will meet another person who worked on the character of the same Wise Man. („Bus Stop Method")

Task II:

Now work in groups of three and describe the function of the Three Wise Men by focusing on the character traits analyzed above. Organize your findings in and around the triangle below.

Task III:

Present your findings to the class and discuss them as you worked on them in Task II. Add more information if necessary.

Mögliche Lösung

Ty (Tyler Matthew Gospodinov) / Kalden

Textstelle	Description / Function
19	• "The Circle's boy-wonder visionary" (**19** 14) • "Wearing nondescript glasses and an enormous hoodie" (**19** 14) • "A fucking brilliant management master" (**19** 21) • "Was the first wise man" (**19** 24)
20	• "Socially awkward" (**20** 3) • Made a … profitable decision … [to hire] the other two wise men, … [while he made himself invisible]
91 ff.	• Description of his outer appearance as Kalden – skinny • Asks Mae if he can watch her working • "It was abundantly clear he was not this kind of person, a normal kind of person" (**93** 15–16) • Leaves as quickly as he had appeared; makes a mysterious impression on Mae
165–167	• Attractive impact on Mae • Appears out of the blue • Interviews Mae subtly to find out about her loyalty
225	• Mae starts lying to Annie because of Kalden • Mae describes Kalden as "eccentric"
246–247	• Mae lies to Annie about Kalden a second time
467–468	• Mae sees Kalden is Ty, "the creator of all this, the mysterious young man behind the Circle" (**467** 28 – **468** 1)
477 ff	• He asks Mae to stop the completion of the Circle
Conclusion	→ From the beginning he seems mysterious → Although he is the Circle's founder, he tries to stop the Circle from getting too powerful

Eamon Bailey

Textstelle	Description / Function
20	Together with Stenton, raised the money to build the Circle
27	Bailey's office has a secret escape and a private collection of artifacts in the Ochre Library
280	Speaks in public convincingly; uses body language well
299 ff	Public speaking is convincing, as he includes his audience and uses stylistic skills
467 ff	When Mae meets all the Three Wise Men together, Bailey does the talking
Conclusion	Although not the Circle's founder, appears to be its boss, doing all the publicity work. He forbids everything to do with the world that existed before the Circle, but collects antiques.

Tom Stenton

Textstelle	Description / Function
20	Together with Bailey, raised the money to build the Circle
307	Keeps a transparent shark, which he feeds publicly
467 ff	Barely talks but uses body language instead (469) – even when he reveals that he is attracted to Mae
Conclusion	Stenton appears to be the eccentric one of the three, enjoying only the advantages the Circle offers him. He refuses to take responsibility for the Circle's disadvantages.

3.4 Mae's relationships – *Standbild* (freeze frame)

Übersicht der Unterrichtseinheiten

Materialien:	Kompetenzen:
Klassenraum, ggf. zweiter Übungs- raum Roman **(S. 70–78; 251–261; 452–462)** ggf. Stuhlkreis	Leseverstehen, methodische Kompe- tenz, Verfügbarkeit sprachlicher Mittel; Emotionale Kompetenz (Empathie, Sich-Hineinversetzen in die Situation der Hauptperson des Romans)

Ablauf	Impuls	Sozialform Methode
a) SuS erhalten verschiedene Textstellen des Romans. Sichtung der Textstellen in Kleingruppen.	*Read the text abstract assigned to you and discuss its content, focussing on the characters involved and their relationships.*	KG
b) Einteilung / (oder) Zuweisung der Rollen (Charaktere) an einzelne SuS. Analyse der Beziehungsmuster Kleingruppen.	*Decide in your groups who will present which character in the freeze frame. Use the information given by the text and think about your character's feelings, relationship and mood.*	Kleingruppen
c) SuS „spielen" Szenenauszüge nach, Einfrieren des Bildes (*freeze frame*); (ggf.) Veränderung der Skulptur durch Standbildhauer.	*Build the freeze frame in your group. Discuss how the different characters have to be arranged to show their relationships, conflicts and feelings. Use posture, body language, gestures, space between the characters, viewing directions etc. Prepare a statement to explain your intention.*	Kleingruppen
d) Beobachter beschreiben und deuten das Standbild; Standbildfiguren erläutern ihre Intention.	*Tell the class about the passage you dealt with and present your freeze frame.* **Others:** 1. *What can you see/observe?* 2. *What does the freeze frame tell us about Mae's relationships in the chosen scene?* **Actors:** 3. *Explain your freeze frame.*	Plenum Unterrichtsgespräch

Level 2

Hot seat Die SuS ordnen ihre Stühle in einem Sitzkreis an, in dessen Mitte sich ein Stuhl befindet, auf dem ein(e) S stellvertretend für einen Romancharakter Platz nimmt. Anschließend findet die Befragung und Reflexion statt.	**Mögliche Fragen könnten sein:** • *What is your name?* • *What do you do for living?* • *What is your social background?* • *What are your greatest strengths?* • *Tell us about your family and friends.* • *What is your relationship to ... ?* • *What are you afraid of?* • *What do you value most in life?*	Unterrichtsgespräch Plenum

Sachanalyse / Didaktische Anmerkungen

Die Aufstellungsmethoden „Standbild" und „Skulptur" (*freeze frame*, alternativ auch: *sculptor*) sind im Englischunterricht leider oft unterschätzte und relativ selten verwendete Methoden. Sie basieren auf Elementen der Gestalttherapie und des Psychodramas und ermöglichen u.a. die Visualisierung und Analyse bestimmter Textstellen, fundierte Charakterisierung, sowie die Darstellung von Beziehungskonstellationen, Konfliktsituationen und Entwicklungsprozessen. Hinzu kommt eine emotional-affektive Komponente der SuS im Umgang mit verschiedenen Textstellen, in die sie sich als zunächst unbeteiligte Leser einfühlen müssen.

In diesem Modul wird das Standbild als *while-reading activity* zur Darstellung und Analyse von Maes Beziehungskonstellation verwendet. Ihr Entwicklungsprozess als Protagonistin des Romans ist hierbei zentrales Element und wird anhand von drei ausgewählten Textstellen visualisiert und analysiert. Hierbei wird gezeigt, dass sich Mae im Verlauf des Romans immer mehr von ihren engeren Bezugspersonen (Annie, Mercer, ihre Eltern) distanziert und viele ihrer Sozialkontakte zugunsten des *Circles* aufgibt. Zentrale Textstellen sind zwei Besuche bei ihren Eltern (**70–78** und **251–262**) sowie Mercers Tod (**452–462**).

Didaktische Anmerkungen

Zu Beginn der Unterrichtseinheit erklärt die L zunächst das methodische Vorgehen. Die SuS erhalten drei zentrale Textstellen des Romans. Je nach Größe der Lerngruppe können entweder drei oder sechs Kleingruppen gebildet werden. Jede(r) S bekommt eine bestimmte Figur der einzelnen Textpassagen zugewiesen. Folgende Figuren sollten auf jeden Fall vertreten sein: Mae [M], Mercer [ME], Annie [A], Maes Vater [MF] und Maes Mutter [MM]. Je nach Gruppengröße und Anspruchsniveau können auch ggf. Kalden [K] und *der Circle* [C] als personifizierte Institution verwendet werden. Die SuS erhalten nun die Aufgabe, in Kleingruppen ihr Standbild bzw. ihre Skulptur gemeinsam zu modellieren. Die Personen ordnen sich auf einer bestimmten Fläche räumlich zueinander an. Die einzelnen Figuren können sich hierbei in ihrer Nähe-Distanz, Mimik, Gestik und Blickrichtung voneinander unterscheiden. Anschließend wird die Szene eingefroren. In leistungsstarken Gruppen kann auch ein(e) ausgewählte(r) S die Aufgabe des Bildhauers/Regisseurs übernehmen (AM, Binnendifferenzierung). In diesem Fall würde das Standbild leicht als Bildhauer-Methode (*sculptor*) verändert werden, indem die Figuren gebeten werden, ihre Mimik, Körperhaltung und Position nach den Ideen des Bildhauers zu verändern. Mitschüler erhalten nun die Aufgabe, das Standbild bzw. die Skulptur zu beschreiben (Anforderungsbereich I), Konstellationen und Anordnung zu interpretieren (AB II) und ggf. begründet weiterzuentwickeln/abzuändern (AB III). Alternativ können die Kleingruppen auch Bilder mit ihren Handys / einer Kamera anfertigen, die nachher per Folie/Beamer im Plenum besprochen werden.

Als **Level-2-Baustein** für leistungsstarke SuS schließt an das Standbild die Methode „Hot Seat" an: Bei dieser Methode versetzt sich ein(e) S in den Charakter einer Romanfigur und nimmt auf dem *hot seat* Platz, wobei er/sie Fragen der anderen SuS beantwortet. Der „Heiße Stuhl" gibt den SuS die Möglichkeit, sich noch fundierter mit einem bestimmten Romancharakter auseinanderzusetzen und tiefer in dessen Gefühlswelt einzudringen. Hierbei unterstützen besonders eine fundierte Textkenntnis sowie ein ausgeprägtes Empathievermögen die Lerngruppenmitglieder. Auf diese Weise werden nicht nur literarische, sondern auch soziale Kompetenzen der SuS gefördert. Im Rahmen der Binnendifferenzierung wird es besonders lernstarken und redegewandten SuS empfohlen, sich den Fragen der Mitschüler zu stellen.

Zum Ablauf der *Hot Seat Methode* werden die SuS in einem Stuhlkreis angeordnet, wobei sich ein Stuhl in der Mitte des Kreises befindet, auf welchem der befragte Charakter sitzt. Die SuS haben im Vorhinein Fragen in Einzel- oder Gruppenarbeit vorbereitet (à Karteikarten), die sie der jeweiligen Person nacheinander stellen wollen. Ähnlich wie bei einer Pressekonferenz versucht der Befragte die Fragen bestmöglich zu beantworten. Die L kann in diesem Fall eine maximale Anzahl Fragen und einen zeitlichen Rahmen vorgeben. Nach der Befragung schließt eine unmittelbare Reflexion über die (neu) gewonnenen Erkenntnisse und die Qualität der gestellten Fragen an. Im Plenum kann ebenfalls darüber beraten werden, welcher Befragte bzw. welche Interpretation der Figur am überzeugendsten war. Hierzu empfiehlt sich eine kriterienorientierte Diskussion. Es empfiehlt sich, zusätzlich eine(n) weitere(n) S auszuwählen, der/die sich außerhalb des Sitzkreises befindet und die Fragen und Antworten protokolliert oder alternativ videographiert.

Aufgaben und mögliche Lösungen

Aufgrund der sehr offenen Aufgabe und der vielfältigen Gestaltungsmöglichkeiten durch die einzelnen Kleingruppen gibt es keine definitive Lösung zu dieser Aufgabe. Anzumerken ist jedoch, dass die immer größer werdende Distanz zwischen Mae und ihren Bezugspersonen deutlich werden sollte. In Mercers Fall reagiert dieser sogar mit Wut und Enttäuschung (Mimik und Gestik der Figur), wohingegen Maes Eltern eher besorgt und Annie eifersüchtig dargestellt werden könnten. Die genauen Aufgabenstellungen beziehen sich auf eine *pre-*, *while-* und *post activity* hinsichtlich des *freeze frame*. Zunächst wird die Textstelle von den SuS gesichtet und ein erster Entwurf zum Standbild diskutiert (*pre*). Anschließend findet der Modellierungsprozess und evtl. kleinere Veränderungen an der Skulptur statt (*while*). Abschließend erfolgt die Analyse und Beschreibung im Plenum (*post*).

[Legende: Mae = M; Mercer = ME; Annie = A; Mae's father = MF; Mae's mother = MM; *der Circle* = C.]

Textstelle 1: Mae and her family (70–78)

Mögliche Angaben:

- There is a very strong/close connection/relationship between Mae and her parents.
- Her parents invite Mae for dinner to celebrate the end of her first week at the Circle.
- Mae's parents/family have financial problems but they are very kind.
- Mae and her parents are very grateful to Annie.
- Mae's father is ill: he has multiple sclerosis; her parents can't pay for medical treatment.

Mögliche Skulptur:	
 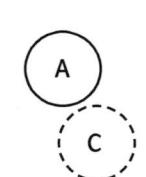	Durch die Aufstellung der SuS sollte die sehr gute Beziehung zwischen Mae und ihren Eltern ersichtlich werden. Auch die Beziehung zu Annie ist sehr nah, da Mae und ihre Eltern ihr gegenüber große Dankbarkeit empfinden. Das Verhältnis der Eltern zu Mercer ist besser als das zwischen ihm und Mae. Der Circle liegt zu diesem Zeitpunkt noch etwas außen vor und stellt nur für Mae und speziell für Annie eine wichtige Beziehung dar.

Textstelle 2: Mae, her family and Mercer (251–261)

Mögliche Angaben:

- The Circle pays for Mae and her family's insurance, especially for her father's medical treatment.
- Her parents' financial situation and mood have improved a lot.
- Mercer has made a silver chandelier, consisting of painted antlers. Mae likes it very much.
- Mae's parents have invited Mercer for dinner without telling Mae in advance; she is very upset.
- Mae keeps telling them all about the Circle and its fantastic opportunities. She wants to sell Mercer's chandelier online.
- There is a conflict between Mae and Mercer; Mercer criticizes her behaviour and the Circle; Mae is very upset and both leave the dinner table.
- Mae loathes Mercer – or *thinks* she does.

Mögliche Skulptur:

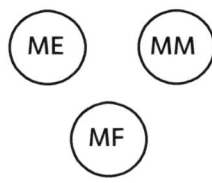 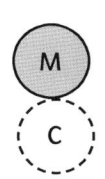

Das Verhältnis zwischen Mae und ihren Eltern ist etwas distanzierter, wobei jedoch ihr Verhältnis zum Circle erheblich enger ist. Die Distanz zwischen Mae und Mercer ist größer und distanziert sich im Verlauf des Abendessens immer mehr. Ebenso das Verhältnis zwischen Mae und ihren Eltern. Dies kann durch eine Veränderung des Standbildes zum erneuten *freeze frame* dargestellt werden.

Textstelle 3: The death of Mercer (452–462)

Mögliche Angaben:

- Mae introduces Mercer to the Circle company inside the auditorium as a "fugitive, not from justice, but from friendship".
- Mae uses the Circle's SoulSearch programme to track Mercer.
- Mercer tries to escape from the drones and followers.
- Mercer's truck crashes off a bridge and plummets down a mountain; he is killed.
- Mae hasn't visited her parents for quite some time since they were filmed by her camera.
- Annie collapsed some weeks ago; she couldn't cope with the "situation" with her family ancestry.

Mögliche Skulptur:

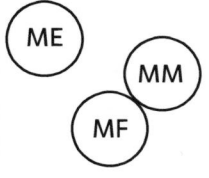 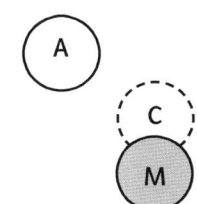

Aus der Darstellung sollte hervorgehen, dass sich das Verhältnis zwischen Mae und Mercer maximal distanziert hat. Ihn als Ziel des *SoulSearch* Programms zu verwenden, kann als Racheakt gesehen werden. Auch ihr Verhältnis zu Annie und ihren Eltern ist eher distanziert. Im Hinblick auf ihren Job zählt Mae nun zu den besten Mitarbeiterinnen der *Circle*-Gruppe.

3.5 Mae/Annie's friendship – state-of-friendship-walk

Übersicht der Unterrichtseinheiten

Materialien:	Kompetenzen:
Klassenraum, ggf. zweiter Übungsraum KV 2.3 Roman	Leseverstehen, methodische Kompetenz, Verfügbarkeit sprachlicher Mittel; Fkt. kommunikative Kompetenz

Ablauf	Impuls	Sozialform Methode
a) Die Lehrperson zeichnet zwei Strichmännchen mit den Namen Annie und Mae an die Tafel. SuS aktivieren ihr Vorwissen bzgl. der beiden Charaktere.	*What do we know about Annie and Mae?* *How can their relationship be described?* *Describe the characters of Mae/Annie.*	Unterrichtsgespräch EA
b) Die SuS erhalten KV mit ausgewählten Textstellen ◖ [Level 1] bzw. suchen im Roman eigenständig nach Textstellen, die Annie und Maes Beziehung beschreiben ● [Level 2].	*Use the extracts; read the whole passage. Describe Mae and Annie's relationship, focusing on the different circumstances and people involved. Find passages illustrating the development of Annie and Mae's relationship.*	EA
c) Die SuS sichten die Textstellen und beschreiben die Beziehung anhand von Adjektiven, die sie auf A4-Blätter schreiben.	*Use suitable adjectives to describe their relationships and write these on different pieces of paper.*	EA, PA
d) Die Blätter werden im Parallelabstand voneinander an einer Referenzlinie angelegt. Zwei SuS bewegen sich von Blatt zu Blatt und versetzen sich in die Hauptrollen hinein. Sie beschreiben ihre Beziehung zueinander und die damit verbundenen Umstände.	*Place the pieces of paper along a straight line. Two students move from sheet to sheet, one pretending to be Mae, the other Annie. Describe your relationship to each other and move closer together or further apart.*	PA
e) Andere SuS geben Feedback.	*Give feedback to your classmates.*	Unterrichtsgespräch

Sachanalyse

Die Beziehung der Protagonistin Mae zu ihrer besten Freundin Annie durchläuft eine extreme Entwicklung im chronologischen Verlauf der Romanhandlung. Annie und Mae kennen sich seit Schulzeiten, haben zusammen gewohnt und führten lange ein sehr nahes, schwesternähnliches Verhältnis. Durch ihre profitable Anstellung und ihren enormen Einfluss beim *Circle* hat Annie Mae Zugang zur Weltfirma verschafft und sie ermutigt, stets ihr Bestes zu geben. Sie bekräftigt Mae immer wieder, ihre Arbeit gut zu machen und verspricht ihr einen dadurch baldigen Aufstieg beim *Circle*. Gleichzeitig ist Annie auch ein wichtiger Teil von Maes Privatleben, indem sie ihren Eltern einen Versicherungsschutz (aufgrund der Krankheit des Vaters) besorgt, der deren Lebensqualität enorm verbessert. Für sie ist Annie wie eine zweite Tochter.

Auch hinsichtlich der mysteriösen Beziehung zu Kalden ist Annie Maes erste Vertrauensperson. Mit Maes steigender Bekanntheit und beruflichem Aufstieg innerhalb der Firma verändert sich dieses Verhältnis jedoch rapide. Annie sieht Mae mehr und mehr als Konkurrentin und Mae beginnt Geheimnisse vor ihr zu haben und belügt sie hinsichtlich ihrer sexuellen Beziehung zu Kalden. Der Leser realisiert eine Umkehr der beiden Rollen: Mae steigt vom schwachen Charakter auf zur einflussreichen Firmenmitarbeiterin und benötigt immer weniger von Annies Unterstützung und beruflichem Einfluss. Im Gegensatz dazu wird Annies Ansehen und Einfluss immer schwächer und führt sie nach einem Nervenzusammenbruch ins Krankenhaus, wo sie von Mae „betreut" werden muss.

KV 2.3: Didaktische Anmerkungen

Die "State-of-friendship-walk"-Methode dient der Analyse und Illustration der Beziehungsentwicklung zwischen zwei befreundeten Charakteren eines Romans oder Films. Sie wird von den SuS theoretisch vorbereitet und praktisch ausgeführt. Zu diesem Zweck arbeiten die Mitglieder der Lerngruppe zunächst an signifikanten Textstellen des Romans, die sich auf die Entwicklung von Annie und Maes freundschaftlicher Beziehung spezialisieren. Im **Level 1** sind hierfür bereits verschiedene Textstellen ausgewählt (KV 2.3); in **Level 2** suchen die SuS eigenständig nach entsprechenden Textauszügen. Diese Textstellen werden im ersten Schritt chronologisch gesammelt/angeordnet, durch Kernaussagen zusammengefasst und die daraus resultierenden Beziehungskonstellationen anhand von Adjektiven beschrieben. Alternativ können die Textstellen auch ausgeschnitten und chronologisch sortiert oder gruppenteilig erarbeitet werden. Zur praktisch-interaktiven Umsetzung wird das Klassenzimmer in zwei Teile geteilt (Mittellinie mit Kreide/Kreppband markieren). Nun werden die Adjektive oder Nummern der Textstellen auf Blätter geschrieben und diese chronologisch auf dem Boden positioniert, wobei der Abstand und die Nähe der Blätter bzw. der Personen zueinander die Beziehung zwischen den beiden Charakteren symbolisiert. Die Rollen von Annie und Mae werden anschließend von zwei SuS eingenommen, die sich von Blatt zu Blatt (zueinander hin oder voneinander weg) bewegen. Bei jeder „Station" beschreiben sie anhand des Adjektivs ihre Gefühlslage hinsichtlich der Freundschaft zur anderen Person und den inhaltlichen Hintergrund, der zu dieser Situation geführt hat. Die Mitschüler fungieren während der Methode als Beobachter und Springer, so dass sie ähnlich der Fishbowl-Methode die Rollen der beiden Frauen übernehmen können.

KV 2.3: Mögliche Anordnung und Lösung

	page	text reference/quotation	relationship adjectives [Mae & Annie]
1	**2** 13–17	Mae wouldn't have … sisters or cousins.	*grateful*
2	**15** 19–20	"I'll be watching you," Annie said, … something juicy."	*supportive; demanding obedience*
3	**109** 21–24	In quick succession, … Mae would survive.	*uneasy; awkward*
4	**159** 8 – **162** 15	"Why didn't you tell me sooner?" […] more praise for Annie as the savior of the family.	*grateful; thankful; obliged (behoven)*
5	**225** 10–13	At that moment, […] and she didn't want Annie to do anything to jeopardize her access to him […].	*morally torn*
6	**246** 20–25	Why lie to Annie? […] Telling Annie at all would precipitate a big series of lies, big and small.	*torn; feeling of superiority*
7	**352** 19 – **353** 22	Something had crept into Annie's voice […] Mae chose to ignore the sarcasm.	*jealous; sarcastic*
8	**441** 17–22	Annie wanted to hide, […] Mae needed to help Annie.	*loyal; supportive; helpful*
9	**489** 8 – **490** 28	In the quiet of the clinic, […]. But Mae had feigned her cooperation […].	*dutiful*

Mögliche Anordnung und Bewegungsverlauf (individuelle Lösung):

Dies hier ist ein unvollständiges Beispiel und soll lediglich verdeutlichen, dass die SuS verschiedene Positionen einnehmen sollen, um die Entwicklung der Freundschaft zu illustrieren.

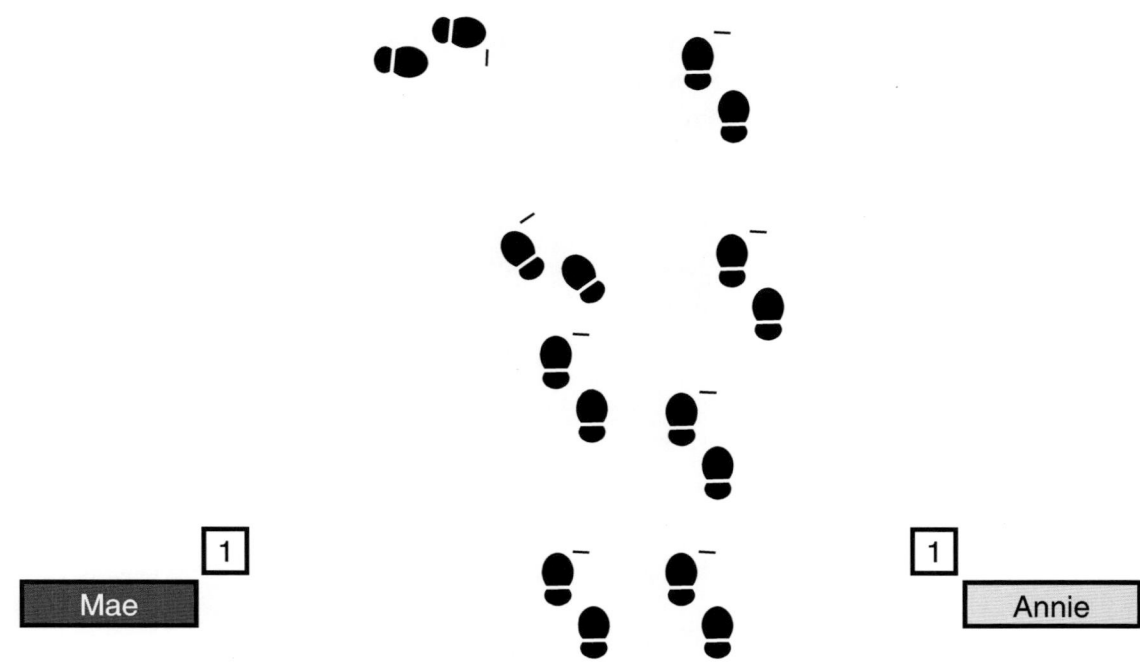

IV. Modul 3: The Circle – Themes and motifs

4.1 Einführung

Die Entwicklung und Förderung des textanalytischen Verständnisses ist eine wichtige Grundlage des Englischunterrichts der Sekundarstufe II. **Modul 3** beschäftigt sich in diesem Sinne mit einigen textstilistischen Anteilen des *Circle* sowie diversen Themen und Motiven. Zu diesem Zweck spielt die Gattung des Romans und die Frage nach utopisch-dystopischen Elementen in der ersten Aufgabe (4.2) eine wichtige Rolle. In Anlehnung stehen die textanalytische Arbeit mit dem Roman und die Förderung der Sprachpraxis im Rahmen eines *Literarischen Quartetts* im Vordergrund. In der zweiten Aufgabenteil (4.3) dominiert die obligatorische Thematik des „American Dream". Die SuS begeben sich auf eine literarische Forschungsreise, indem sie der Fragestellung nachgehen, ob Mae Hollands beruflicher Lebenswandel eher der Verwirklichung des Amerikanischen Traums oder konträr dazu, einem Albtraum, ähnelt. Darauf folgend werden im Aufgabenteil 4.4 kontrastierende Elemente verglichen und in Aufgabe 4 (4.5) der *Circle* als „perfect place to work" unter die Lupe genommen. Neben der weiterhin vertieften Förderung sprachlich-kommunikativer Kompetenzen liegt ebenfalls ein Augenmerk auf der interkulturell-kommunikativen Kompetenz.

Lernziele

Die SuS können:

- in der Auseinandersetzung mit den Lebensumständen von Menschen der anglophonen Bezugskulturen Lebensstile verstehen, mit eigenen sowie anderen Vorstellungen vergleichen und angemessen kommunikativ reagieren;
- sich kultureller und sprachlicher Vielfalt und der damit verbundenen Chancen und Herausforderungen bewusst werden und neue Erfahrungen mit fremder Kultur sowie sprachlich neuartigen Situationen grundsätzlich offen und lernbereit begegnen.
- unter Verwendung von Belegen eine Textdeutung und -analyse entwickeln und Stellung beziehen.
- Arbeitsergebnisse in der Fremdsprache sachgerecht dokumentieren, intentions- und adressatenorientiert präsentieren und den erreichten Arbeitsstand selbstständig und im Austausch mit anderen evaluieren.
- grundlegende Beziehungen zwischen Sprach- und Kulturphänomenen reflektieren und an Beispielen erläutern.

4.2 Is The Circle already reality? (utopian and dystopian elements)

Übersicht der Unterrichtseinheiten

Materialien:	Kompetenzen:
KV 3.1	Text- und Medienkompetenz
Roman	Fkt. Kommunikative Kompetenz
Tafel	Interkulturelle kommunikative Kompetenz

Ablauf	Impulse	Sozialform Methode
a) Sammelphase „Merkmale utopischer & dystopischer Literatur"	*What are the major features/elements of utopian and/or dystopian literature? Let's make a list!*	Plenum
b) Einteilung der Lerngruppe in drei Subgruppen (*utopia, dystopia, reality*). Individuelle Arbeit, im Anschluss PAIR-Phase	*Get into three groups, focusing on utopian elements, dystopian elements or elements of reality. You are going to work on your own first: find elements of your topic in Dave Eggers' novel, make notes. After that, team up with a partner and compare your results.*	Think-Pair-Share EA, PA,
c) SHARE-Phase, Austausch inhaltlich-identischer Gruppen	*Compare your results with your partners'.*	GA
d) Literarisches Quartett		EA, Plenum
e) Reflexions- und Evaluationsphase	*Focus on language, method and form. What was good and what can be improved?*	Plenum

Sachanalyse

Dave Eggers beschreibt in seinem satirischen Werk eine scheinbar fiktionale Welt der Moderne, die sich aus unserer jetzigen, sich ständig weiterentwickelnder Welt technologischen Fortschritts entwickelt. Besonders der Einfluss sozialer Medien und des Internets dominieren die Handlung und Entwicklung der Charaktere. Eggers parodiert den *Circle* als multimediale Institution und warnt gleichzeitig seine Leser vor der Preisgabe zu vieler privater Informationen im Web.

In Hinblick auf diese Entwicklung stellt sich dem Leser die Frage, ob der *Circle* ein utopisch/dystopischer Roman oder bereits in unserer Gegenwart real ist.

KV 3.1: Didaktische Anmerkungen

Das Arbeitsblatt **KV 3.1** bereitet eine Diskussion / *book club* der Lerngruppe zu dem oben genannten Themenkomplex vor: The Circle – *already reality?!* In einer stufenweise vorbereiteten Gesprächsrunde mit hoher Sprechaktivierung sollen die SuS fachlich-fundiert diskutieren. Zu diesem Zweck werden zunächst im Plenum die wichtigsten Merkmale dystopischer und utopischer Literatur wiederholt und an der Tafel gesichert. Hier sind folgende Lösungen möglich:

UTOPIAN elements	DYSTOPIAN elements
• Perfect world • Total abolition of money • Fair distribution of wealth and goods • World peace • A life free of worries • Garden of delights / Garden of Eden • Absence of painful death, illness and suffering • Positive changes in human nature and of the human condition	• Totalitarian or extreme authoritarian form of government • Oppressive control of society • War, revolution, destruction • Over-population • Natural disaster / severe climatic events • Split society (very rich vs. very poor) • Advanced futuristic technology controlled by the ruling class • Protagonist questions this society because he/she feels that something is terribly wrong

Im Rahmen der Binnendifferenzierung und des eigenständigen Lernens erarbeiten die SuS in der zweiten Phase einzeln den Roman und suchen nach signifikanten Informationen. Die Lerngruppe wird zu diesem Zweck in drei Gruppen eingeteilt:

1. *Utopian elements*

2. *Dystopian elements*

3. *Elements of reality*

Die Einteilung der Lerngruppe kann zufällig oder nach individueller Neigung der SuS erfolgen. Wichtig ist nur, dass eine einigermaßen ausgewogene Verteilung erreicht wird. Anschließend besprechen die SuS in geschützter Atmosphäre (themenhomogene 2er-Gruppen) ihre ersten Ergebnisse und tauschen sich aus. Darauf folgt ein Zusammenschluss der themenspezifischen Kleingruppen zwecks Gesamtaustauschs. Die Ergebnisse der Gruppen, wie z. B. pros/cons hinsichtlich der Fragestellung, werden auf farbigen, gruppenspezifischen Karteikarten gesichert (grün: *utopian*, rot: *dystopian*, gelb: *reality*). Nun wird von jeder Kleingruppe ein Gruppenmitglied als Vertreter gewählt. Hierzu kann im Rahmen der Binnendifferenzierung und Förderung jeweils ein/e leistungsstarke/r S pro Gruppe ausgewählt werden.

Die Gesamtdiskussion der Gruppenergebnisse erfolgt durch die Methode des **Literarischen Quartetts** (eng. *book club*): Mithilfe dieser Methodik wird nicht nur ein tieferes Textverständnis der Ganzschrift gefördert, sondern auch ein besserer individueller Zugang zur Lektüre ermöglicht. In diesem Fall diskutieren vier SuS der Lerngruppe im vorderen Teil des Klassenraums in einer Diskussionsrunde (Stühle entsprechend anordnen), wobei einer dieser SchülerInnen die Rolle des Moderators übernimmt und die Gesprächsrunde leitet. Kernpunkt der Diskussion ist die durch KV 3.1 angesprochene Thematik: *Is The Circle already reality?!* Durch den folglich hohen Redeanteil des/der ausgewählten Schülerin/s werden diese anhand des Arbeitsauftrags enorm gefördert, wobei aufgrund der vorherigen *Think-Pair-Share Methodik* mit darauf folgendem *Partner Interview / Bus Stop* eine breitflächige Aktivierung der gesamten Lerngruppe erfolgte.

Während der Diskussion haben die restlichen Mitglieder der Lerngruppe den Part der aktiven Zuhörer, die im Anschluss an die Gesprächsrunde das Vorgehen inhaltlich, sprachlich und methodisch evaluieren und entsprechendes Feedback an die Diskussionsteilnehmer geben. Der Erfahrung nach empfiehlt es sich ebenfalls 1–2 S VOR der Gruppendiskussion auszuwählen, die die Ergebnisse des Gesprächs (per Notizen, Laptop o. ä.) protokollieren bzw. dokumentieren. Auf diese Weise wird eine möglichst genaue Ergebnissicherung gewährleistet.

● Im Rahmen der **Level 2-Aufgaben** kann das **Literarische Quartett** auch gefilmt und auf diese Weise die kriteriengeleitete Nachbesprechung sprachlicher, methodischer und inhaltlicher Komponenten besser reflektiert und evaluiert werden. Es empfiehlt sich ebenfalls ein Vergleich mit Aufnahmen und Auszügen hierzu, in denen David Eggers' *The Circle* thematisiert wurde. Diese lassen sich online finden (z. B. YouTube: keywords: *dave eggers the circle discussion*: z. B. „lesenswert Quartett" vom 09.10.14 (deutsch)).

Aufgaben und mögliche Lösungen

Task:

Today's topic will be whether The Circle is a piece of utopian or dystopian literature. There are going to be three groups. Each group focuses on one of the aspects mentioned below. First you work on your own. When you have finished, you will meet another person who has done the same task. Interview each other and exchange information. (Bus Stop Method / Partner Interview).

Utopian elements	Dystopian elements	Elements of reality
• Presents a (close to perfect) world that does not exist • No more crime or criminals that are not in prison (the state watches everyone and punishes criminals immediately and without justice) • Perfect living conditions and social help (e.g. health insurance system for Circlers) • Futuristic and perfect campus	• Presents a (nightmare) world that does not exist • Partial disregard of human rights • Dictatorship-like "guidance": people are strictly controlled • Lives and lifestyles are 100% transparent to state authorities • Strict hierarchy • Lack of individuality	• Permanent surveillance is already an issue today • The internet is already in control of a lot of personal data (e.g. Facebook offers you pages according to the pages you have visited) • Addiction to showing your private life online • Lack of face to face communication

Der untere Pfeil „Conclusion" kann zu diesem Zweck während der Sammel- und Diskussionsphase an der gestrichelten Linie abgeknickt werden. Im Anschluss an das **Literarische Quartett** oder die darauf folgende Evaluationsphase, kann vom Plenum eine gemeinsame Schlussfolgerung hinsichtlich der Einleitungs- bzw. Diskussionsfrage formuliert werden.

4.3 Mae's development: the American Dream?

Übersicht der Unterrichtseinheiten

Materialien:	Kompetenzen:
Roman	Text- und Medienkompetenz
KV 3.2	Fkt. Kommunikative Kompetenz
DIN-A3-Blätter (*placemats*)	Interkulturelle kommunikative Kompetenz
	Methodische Kompetenz

Ablauf	Impulse	Sozialform Methode
a) Sammlungsphase „American Dream & American Nightmare"	*What are the key features of the American Dream and American Nightmare? Make a list focusing on key words and organize them in the table on the worksheet (KV 3.2).*	Plenum EA
b) Placemat: Mae and the American Dream / American Nightmare	*Work in groups of 3 or 4 people and write down the main points why you think Mae's development is / is not an example of the American Dream.*	GA placemat
c) Austauschphase / Diskussion bzgl. der PLACEMAT	*Turn the placemat 3 or 4 times and react to the ideas of your partners. In the end, dicuss your findings and come to a conclusion. Write your conclusion into the box.*	GA *placemat discussion*
d) Gallery walk	*Walk around the classroom and have a closer look at the placemats and results of the other groups.*	Plenum *gallery walk*

Sachanalyse

Die thematische Auseinandersetzung mit dem „Amerikanischen Traum als Vision und/oder Lebenswirklichkeit der USA" bildet ein wichtiges Fundament im Englischunterricht der Oberstufe. Vor dem Hintergrund politischer, sozialer und kultureller Wirklichkeiten sowie deren historischen Hintergründen verlangt der *Gemeinsame Europäische Referenzrahmen* (GER) nach der Vermittlung und Ausbildung interkultureller kommunikativer Kompetenzen. Deutsche SuS sollen über ein soziokulturelles Orientierungswissen verfügen und sich mit kulturell geprägten Sachverhalten und Situationen in englischsprachigen Ländern (kritisch) auseinandersetzen.

Der im *Circle* porträtierte immense technische und mediale Fortschritt Amerikas bringt nicht nur Chancen und Risiken hinsichtlich moderner globaler Entwicklungen, sondern spiegelt sich durch die Protagonistin des Romans auch im Individuum wieder, das sich in der modernen Gesellschaft zurechtfinden muss. Hierbei wird ein direkter Querverweis zu den Vor- und Nachteilen sozialer Medien und sozialer Netzwerke geschaffen, welche bereits in **Modul 1** ausführlich thematisiert wurden.

Zu diesem Zweck stellt sich den SuS die Frage, ob sich Mae Hollands Leben und beruflicher Werdegang eher zum *American Dream* oder zur *American Nightmare* entwickelt. Diese Leitfrage fungiert als Kernelement in **KV 3.2**.

KV 3.2: Didaktische Anmerkungen

Zur Vorbereitung auf die Unterrichtseinheit aktivieren die SuS zunächst ihr Vorwissen hinsichtlich der im Unterricht erarbeiteten Merkmale zum *American Dream* bzw. zur *American Nightmare*. Diese fungieren als Basis der Unterrichtsstunde und werden in Stichpunkten tabellarisch an der Tafel (siehe Beispiel unten) gesichert.

● Für leistungsstarke Lerngruppen **(Level 2)** bietet sich auch eine differenzierte Betrachtung der nachfolgenden Elemente hinsichtlich ihres wirtschaftlichen, sozialen oder/und kulturellen Bezugs an: Leistungskursschüler können in diesem Fall zu jedem genannten Element ein konkretes Beispiel aus der amerikanischen Geschichte o. ä. nennen. Ein Beispiel hierfür wäre u. a. „Steve Jobs" für *social mobility and progress*.

Mögliche Fragestellung (Preparation/Homework):

Task:

You are going to work in groups of three to four people. Write down the main points why you think Mae's development is or is not an example of the American Dream.

Re-collect the basic concepts of the American Dream and the American Nightmare and organize them in the table below.

Turn the placemat three to four times and react on the ideas of your partners.

At the end you will have time to discuss your findings and to come to a conclusion.

Afterwards there will be a gallery walk in class.

Hier sind **folgende Lösungen** möglich:

American DREAM	American NIGHTMARE
• Freedom and individualism • Mobility and flexibility • Optimism and progress • Hard work: "from rags to riches" • Cultural diversity, but patriotism too • Community spirit, social responsibility • "Life, liberty and the pursuit of happiness"	• Selfish individualism • Huge gap between rich and poor, income and lifestyle • Rat race / success-orientated society • Dog eats dog society • Lack of middle-class • High pressure on individual • Corporate America exploits individuals

Aufgaben und mögliche Lösungen

Nachdem die SuS nun über einen konkreten Merkmalskatalog verfügen, findet ein Transfer zur Ganzschrift statt. Hierbei wird sondiert, welche der Merkmale auf *Mae Holland* zutreffend sind. Im Rahmen der erhöhten Sprechaktivierung und des kooperativen Lernens arbeiten die SuS nach der PLACEMAT-Methode. Hierzu wird ein DIN-A3-Blatt (siehe Diagramm unten) verwendet, in dessen Mitte die erarbeiteten Kernmerkmale geschrieben wurden. Es werden nun Ideen bzw. konkrete Textbezüge in die Ecken des Blattes geschrieben, die auf die Kernfrage hinarbeiten. Anschließend wird das PLACEMAT im 3-Minuten-Rhythmus gedreht, so dass die SuS zu den Ideen ihrer Mitschüler schriftlich Stellung nehmen können. Nach dem vierten Wechsel findet ein inhaltlicher Austausch der Kleingruppen statt, wobei die Kernfrage „Mae's development – an example of the American Dream or American Nightmare?!" diskutiert wird. Im Anschluss erfolgt die Sicherung auf der KV.

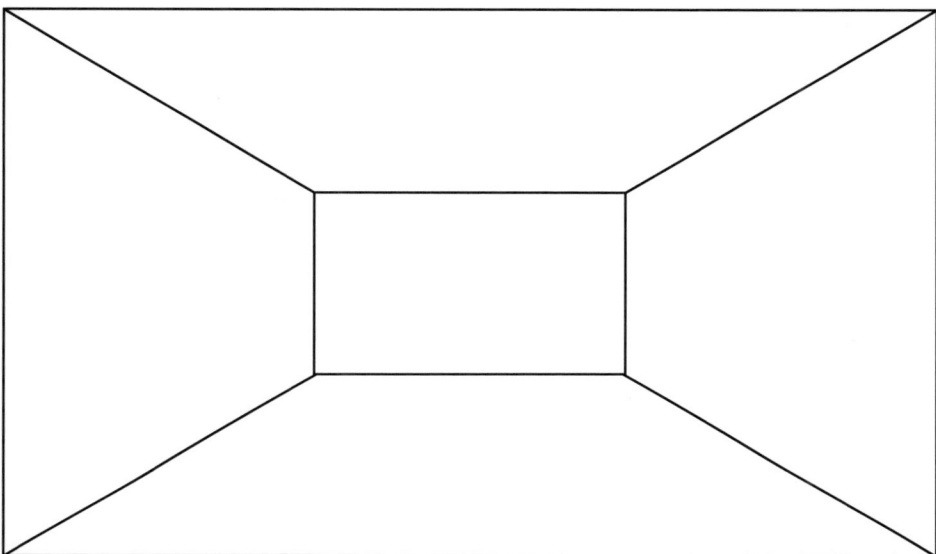

Auf diese Weise hatten die einzelnen SuS vorher ausreichend Zeit, sich mit dem Thema intensiv zu befassen und einen themenspezifischen Grundwortschatz aufzubauen, der für die Kleingruppendiskussion verwendet werden kann. Im Rahmen der Binnendifferenzierung kann jede Kleingruppe auch zusätzliche *useful phrases for discussions* durch die Lehrkraft erhalten. Zur Überprüfung der individuellen Sprechleistungen bietet sich die Methode *Mobile Check* an: In diesem Fall wird die Diktierfunktion eines Smartphones genutzt, das in die Mitte der Tischgruppe gelegt wird. Auf diese Weise können die Diskussionen der Kleingruppen aufgezeichnet und anschließend der Lehrkraft via E-mail als MP3 zugeschickt werden. Die SuS haben auf diese Weise nicht den Eindruck, dass sie von der Lehrkraft sprachlich direkt kontrolliert und bewertet werden, und die Lehrkraft erhält einen individuellen Eindruck bzgl. der Beteiligung von jedem/r SchülerIn während der Kleingruppendiskussion.

Nach Beenden der Diskussion werden die einzelnen *Placemats* im Klassenraum ausgestellt und es erfolgt ein *Gallery Walk* im Plenum. Hierbei bietet jedes „Ausstellungsstück" erneut Diskussionsgrundlage für Partner- oder Kleingruppengespräche.

Feature of the American Dream	Mae Holland	Element/Feature of the American Nightmare	Mae Holland
Social mobility	Mae rises from a lower social rank to higher social rank, including a better salary and health insurance.	Rat race	Circle members support each other, but they also want to be highly successful, so they compete with each other.
Community spirit	Circle Community = Circle Family with regular meetings, parties etc.	Lack of individuality	Transparency, Mae's camera, no privacy, Mae's "refuge" in the bay
Optimism	Sharing of the same (working) CORE BELIEFS and trust in the Circle idea and concept	Huge disparities in income and lifestyle	Differences between social rank/income: Mae, Annie, Mae's parents, Mercer
Hard work – "rags to riches"	Mae works very hard and rises up the social and hierarchical ladder: Customer service à Group of 40	Hard work exploited by those in power	Mae sacrifices her relationships for the company (parents, Mercer)
Transparency, openness	Honesty, pursuit of truth	No private life / corporate life takes over everything	For the delusion of ultimate transparency, which is Bailey's megalomania in disguise, Mae is forced to give up all her privacy and becomes putty in the Circle's hands.

4.4 Shark and Seal: opposing elements in The Circle

Übersicht der Unterrichtseinheiten

Materialien: KV 3.3 Roman	Kompetenzen: Text- und Medienkompetenz Fkt. Kommunikative Kompetenz Interkulturelle kommunikative Kompetenz

Ablauf	Impulse	Sozialform Methode
a) Kontrastierende Elemente	*Work in pairs. Collect opposing elements in the Circle. Organize them with the help of Worksheet 3.3.*	PA
b) Sicherungsphase der *opposing elements*	*Go to the board and write down the contrasting pairs you have found. Use text references, too.*	EA Plenum
c) Textanalyse	*Agree on one of the elements on the board and analyse and contrast its function for the Circle and Circlers.*	Plenum
d) *Turn Touch Talk* activity ● [Level 2] Aufgabe	*Choose one of the cards and turn it around. Summarize its major function and outline its context within the novel.*	GA

Sachanalyse

Nicht nur utopische und dystopische Elemente spielen in Dave Eggers' Roman eine wichtige Rolle. Der Text verfügt über eine Vielzahl kontrastierender Motive, Personen und Symbole, die zum vertiefenden Textverständnis der SuS genutzt werden können. Das vorausgegangene Arbeitsblatt (KV 3.2) thematisiert in diesem Zusammenhang beispielsweise den Unterschied zwischen *American Dream & American Nightmare* und regt SuS zur detaillierten Textanalyse an. Auf diese Weise wird das Sprachbewusstsein enorm geschult. Sie erkennen Kontraste und Symbolik als sprachliche Phänomene sowie steuerbare Beeinflussungsstrategien. Aufgrund der Analyse von Eggers' verwendeten Stilmitteln wird KV 3.3 besonders den Anforderungsbereichen I und II gerecht.

KV 3.3: Didaktische Anmerkungen

Die KV 3.3 fungiert als Mittel des vertiefenden Textverständnisses hinsichtlich ausgewählter Kontraste des Romans und deren Funktionen. Hierzu dienen zwei Aufgabenstellungen: In der ersten Aufgabe suchen die SuS gezielt nach kontrastierenden Elementen im Roman und fassen diese in Stichpunkten zusammen **(Level 1)**.

Leistungsschwächeren Lerngruppen können hinsichtlich der Binnendifferenzierung auch bestimmte Elemente und/oder Textstellen vorgegeben werden, so dass lediglich das kontrastierende Element gefunden werden muss. Die Ergebnisse werden zunächst auf der Kopiervorlage bzw. an der Tafel gesichert. Die SuS arbeiten zu diesem Zweck in Partnerarbeit, wodurch parallel sprachlich-kommunikative Kompetenzen geschult werden. Im Anschluss folgt Aufgabe 2, die sich mit der analytischen Betrachtung der einzelnen Gegensätze und deren Funktionen beschäftigt **(Level 2)**.

Leistungsstarken Lerngruppen steht eine Expertenaufgabe [*Turn Touch Talk Activity*] zur Verfügung, die sich jedoch nicht auf dem Arbeitsblatt befindet, sondern durch die Lehrkraft ausgegeben wird.

Aufgaben und mögliche Lösungen

Tasks:

Work in pairs.

1. Collect elements in The Circle which you see as somehow opposing each other, such as the shark and the seal. (The shark has been captured by the Circle leaders as their toy and kills everything in its sight, whereas the seal is free in the bay and observes its surroundings peacefully). Find other things like this and organize them in the table below. After you have found four elements, write them on the board.

Element	Page no.	Opposing element	Page no.
The shark / the tank	**466** ff.	*The seal / the bay*	**139** ff./ **270** ff.
Ty	**467** ff.	*Kalden*	**91** ff. / **167** ff.
Life on the Circle's campus	**1** ff. etc.	*Life outside the Circle's campus*	Indiv. Lösung
Eamon Bailey	**27** ff.	*Mercer*	**430** ff.
"New Mae"	**489** ff.	*"Old Mae"*	**1** ff.
Mae's flat / parents' house	**39** ff.	*Campus' dorms*	**29** f.
Mae's office	Indiv. Lösung	*Secret library / secret cave*	**25** ff.

2. Agree on one of the elements on the board and analyze and contrast its function in relation to the Circle and the Circlers. (Auswahl möglicher Lösungen)

Eggers' Roman zeichnet sich durch eine große Vielfalt diverser Kontraste aus. Im Folgenden wird eine Auswahl dieser erläutert: Als erster Kontrast ergibt sich der *transparent shark in the tank* (**466**) vs. *the seal in the bay* (**80–83; 139**): Der transparente Hai symbolisiert in diesem Fall die gefährliche Bedrohlichkeit des *Circles*, welche aufgrund der „Durchsichtigkeit" nicht direkt erkennbar ist. In einem unbedachten Moment wird das Tier jedoch zur konkreten Bedrohung und vernichtet alle Mitbewohner des Aquariums vor Maes und Tom Stentons Augen. Im Gegensatz dazu übernimmt der Seehund in der ruhigen und geschützten Bucht die Rolle eines passiven Beobachters, dessen konkretes Handeln für Mae nicht vorhersehbar und dadurch nicht-transparent ist.

Die doppelt-funktionale Persönlichkeit zwischen *Ty* und *Kalden* kontrastiert Erschaffung und Vernichtung des *Circles*: Während *Ty* als einer der Gründerväter und kluger Kopf des Unternehmens gilt, versucht er in seiner Doppelrolle als *Kalden* Mae zu manipulieren und sein eigenes Lebenswerk zu zerstören.

Einer der weiteren Hauptkontraste des Romans, nämlich die Komplementierung des *Circles* und die dadurch bedingte Zerstörung individueller Menschlichkeit, zeigt sich durch Eamon Bailey und Maes Exfreund Mercer: Während der eine alles daran gibt eine Welt maximaler Transparenz zu erschaffen, warnt der andere Mae vor den schrecklichen und nicht abzusehenden Konsequenzen.

● **Expertenaufgabe (Level 2):** *Turn Touch Talk*

Die Methode *Turn Touch Talk* dient der verstärkten individuellen Sprachaktivierung. Die Lerngruppe wird dazu in Kleingruppen von 3 bis 6 SuS unterteilt. Sie haben Karten vor sich, auf deren Rückseiten unterschiedliche Begriffe (siehe unten) notiert sind. Unter dem Oberthema „Opposing/Contrasting elements of the *Circle*" dreht jeweils ein(e) S eine einzelne Karte um und beginnt mit einem 2–3minütigen spontanen Kurzvortrag, der sich in drei Schritte unterteilen lässt:

(1) Inhaltliche Einordnung des Fachbegriffs, (Describe the context of the word or phrase in the novel.)

*(2) Erläuterung der Funktion/Analyse hinsichtlich des gesamten Romankontexts,
(Analyse the function of the word or phrase in the context of the whole novel.)*

*(3) Vermutung über mögliches kontrastierendes Element. (Find the (or an) element
that is the opposite. Explain your choice.)*

Nachdem alle Begriffe aufgedeckt sind, werden diese von den Kleingruppen ähnlich eines Memoryspiels in zwei Spalten gelegt, die die jeweiligen *opposing elements* visualisieren.

Ty	*The tank*	*Mae's dorm*	*Eamon Bailey*
Kalden	*The bay*	*New Mae*	*Mercer*
The shark	*Mae's flat*	*Old Mae*	*The seal*

4.5 World of Work – the Circle as a workplace

Übersicht der Unterrichtseinheiten

Materialien:	Kompetenzen:
KV 3.4 Roman	Text- und Medienkompetenz Fkt. Kommunikative Kompetenz Interkulturelle kommunikative Kompetenz

Ablauf	Impulse	Sozialform Methode
a) Einstiegsimpuls: Zitat an die Tafel schreiben! [Vorwissensaktivierung]	*"My God. Mae thought. It's heaven."*	Plenum
b) Romanrecherche – Suche nach Argumenten	*Do you think the Circle is a perfect workplace? Find pros and cons!*	EA
c) BUS-STOP	*Go to the "bus stop" and compare the results with a partner. Add information if possible.*	PA
d) Schreibphase	*There is going to be a report about Mae's very impressive career in a magazine for young entrepreneurs. You are the investigating reporter. The title of your article shall be "The Circle as a workplace – pressure and privacy"*	EA/PA

Sachanalyse

Der (*Circle*) *Campus* – eine perfekte Arbeitswelt?! Der Leser staunt nicht schlecht über die ausführliche Beschreibung des *Circle* Campus, mit welcher Dave Eggers seinen Roman beginnt. Eine Arbeitswelt aus futuristischen Gebäuden, modernster Technologie, Kunst und Licht, die sich jeder Arbeitnehmer und Arbeitgeber nur erträumen kann. Der Garten Eden der modernen Arbeitswelt: „My God, Mae thought. It's heaven." (Seite 1 des Romans), der nicht nur allen Mitarbeitern das Gefühl einer großen Familie, sondern auch das weite Feld beruflicher Chancen und Möglichkeiten eröffnet. Vor dem Hintergrund der bereits thematisierten Kapitel *„Mae's attitude towards The Circle"* und *„Is The Circle already reality?"* bleibt die Frage nach dem Wahrheitsgehalt beruflicher Perfektion erhalten. Handelt es sich bei Dave Eggers' fiktionalem Arbeitgeber tatsächlich um die Möglichkeit und das Streben nach beruflicher Perfektion, oder überwiegt der Schein und die Angst vom Leistungsdruck und den hohen Anforderung zerdrückt zu werden?

Auch hier ergibt sich ein direkter Bezug zum Kernlehrplan, der zur Förderung *interkulturell kommunikativer Kompetenzen* eine vertiefte Auseinandersetzung der Lernenden mit dem *Fortschritt und der Ethik in der modernen Gesellschaft sowie* der *Alltagswirklichkeit und den Zukunftsperspektiven junger Erwachsener* verlangt. Mit dieser Thematik setzen sich die SuS im Rahmen von **KV 3.4** näher auseinander.

KV 3.4: Didaktische Anmerkungen

Aufgrund der pausenlosen politisch-beruflichen Veränderung infolge von zunehmender Globalisierung unserer Welt verändert sich das Bild führender Arbeitgeber erheblich. *The Circle* spiegelt in dieser Hinsicht zwar einen futuristischen Arbeitgeber wieder, lässt aber auch viele Aspekte moderner (amerikanischer) Arbeitskultur erkennen, die bereits feste Bestandteile unserer Realität sind. Infolge dieser Entwicklung zeigt sich nicht nur ein Einfluss der Arbeitnehmer auf die Arbeitswelt, sondern auch der umgekehrte Prozess deutlich an Mae Holland. Die Reflexion von *Mae's world of work* unter moralisch-ethischen sowie beruflich-futuristischen Aspekten wird in diesem Abschnitt zentrales Thema sein.

Zu diesem Zweck sammeln die SuS alle positiven und negativen Eindrücke, die Mae im Laufe ihrer Beschäftigung beim *Circle* gewinnt. Hierzu suchen sie nach bereits gelesenen Textpassagen und notieren diese in Stichpunkten auf KV 3.4. Ziel ist es, möglichst detaillierte positive UND negative Erfahrungen zu sammeln. Im zweiten Schritt vergleichen und ergänzen sie diese mit einem Partner anhand der BUS-STOP Methodik, welche gleichzeitig einer zeitlichen Differenzierung dient. Auf diese Weise werden Informationen möglichst komplementiert und sprachlich schwächere SuS durch stärkere Mitschüler unterstützt.

In der Rollenfunktion eines „forschenden Reporters" transformieren sie diese nun in einen Bericht bzw. Zeitungsartikel. Das Textformat ist dem Kernehrplan der Sekundarstufe II angemessen und sollte den SuS aus der Sek. I bekannt sein. Die BUS-STOP Methodik kann anschließend, also nach Fertigstellung der Berichte, auch zur sprachlichen Korrektur/Überarbeitung der angefertigten Arbeiten verwendet werden.

Aufgaben und mögliche Lösungen

Tasks:

There is going to be a report about Mae's very impressive career in a magazine for young entrepreneurs. You are the investigating reporter. The title of your article shall be: The Circle as a workplace – pressure and privacy.

Organize your findings around the picture below. Finished?! Pair up at a bus stop OR choose a partner and write the article.

POSITIVE IMPRESSIONS	NEGATIVE IMPRESSIONS
• (Modern/futuristic) working conditions • Health insurance, financial and social support • Money / high salaries and career opportunities • High reputation / prestige • Goodies / perks (parties, new clothes) • Family-like (social) structure • Colleagues = friends; strong social bonds at work • Use of advanced technology	• Total sacrifice of private sphere • The company is more important than *anything else* in your life (extremely time consuming) • Neglect of family/friends • Total loyalty to company; you are never "away" • Lack of individuality • Social dependence

V. Modul 4: Leistungsüberprüfung

5.1 Einführung

Zum Abschluss der Unterrichtsreihe stehen zwei verschiedene Möglichkeiten der Leistungsbewertung zur Auswahl: Eine **Klausur / schriftliche Leistungsüberprüfung** (Grundkursniveau) und eine **mündliche Prüfung**. Es wurden zwei unterschiedliche Prüfungsformate gewählt, damit ein möglichst breites Spektrum an Überprüfungsformaten in schriftlichen und mündlichen Sprachverwendungssituationen zum Einsatz kommt. Beide Formate entsprechen amtlich genehmigten Prüfungsformaten und -richtlinien, welche im Folgenden kurz erläutert werden:

Es ist wichtig anzumerken, dass Lernerfolgsüberprüfungen darauf ausgerichtet sein müssen, erworbene Kompetenzen wiederholt und in verschiedenen Kontexten zu überprüfen. In diesem Zusammenhang basiert die Konzeption einer Klausur immer auf mehreren Aufgabenteilen, wobei sowohl die Teilkompetenzen Schreiben / Integriertes Lesen als auch eine weitere funktional-kommunikative Kompetenz (Sprachmittlung und/oder Hör-/Hörsehverstehen) überprüft werden. In diesem Sinne werden möglichst viele Aspekte der fünf Kompetenzbereiche (*Funktionale Kommunikative Kompetenz; Interkulturelle Kommunikative Kompetenz; Text- und Medienkompetenz; Sprachlernkompetenz; Sprachbewusstsein*) angemessen berücksichtigt.

Die Durchführung einer **mündlichen Prüfung** (KV: *Klausur: Aufgaben*) als Klausurersatz ist auch zu empfehlen, in manchen Bundesländern sogar Pflicht. Sie dient der Förderung und Bewertung fremdsprachlichen Diskurses und zur Stärkung des Redeflusses. Hinzu kommt, dass ebenfalls die Anforderungsbereiche I bis III abgedeckt sein sollten. Ähnlich wie die schriftliche Leistungsüberprüfung besteht die mündliche Prüfung aus zwei Teilen: *Teil A* evaluiert die monologische Sprechfertigkeit im zusammenhängenden Sprechen, wohingegen *Teil B* auf einem Dialog bzw. einer Diskussion basiert. Allen mündlichen Prüfungen geht eine Vorbereitung(szeit) voraus, die entweder maximal 30 Minuten direkt vor der Prüfung erfolgt oder als häusliche Vorbereitung zeitlich ausgelagert werden kann. Die Bewertung der erbrachten Prüfungsleistung erfolgt anhand eines eben amtlich genehmigten Bewertungsrasters (dem der Bezirksregierung Nordrheinwestfalens).

5.2 Die schriftliche(n) bzw. mündliche(n) Klausur(en)

Die **Klausur** zu Dave Eggers' Roman besteht aus zwei Aufgabenteilen, welche den inhaltlichen Aspekt der „medialen Überwachung" thematisieren. **Teil A (KV 4.1a)** besitzt eine mehrgliedrige Aufgabenstellung **(KV 4.2a)** und fokussiert auf die Teilkompetenzen *Schreiben* und *Integriertes Leseverstehen* innerhalb der Zielsprache. Die SuS fassen in Aufgabe 1 (*Anforderungsbereich I*) die Argumente von Mae und Bailey bzgl. den Vorteilen totaler Transparenz/Überwachung zunächst zusammen und analysieren in Aufgabe 2 die sprachlich-stilistisch kommunikativen Aspekte, welche von Bailey zu Maes Überzeugung eingesetzt werden (*Anforderungsbereich II*). Die abschließende Aufgabe 3 beinhaltet das kreativ-reflektierte freie Schreiben und gibt den Sus Wahl zwischen den Textformaten *Diskussion* und *Dialog* (*Anforderungsbereich III*). **Klausurteil B (KV 4.1b)** verwendet den Auszug eines Zeitungsartikels in deutscher Sprache und bedient sich der Arbeitsanweisung zur *Sprachmittlung*. Durch die Implementation eines kommunikativen Szenarios zur Einbettung in den situativen Kontext sowie die Kommunikationspartner und -ziele verfassen die SuS eine kurze Rede auf Basis der deutschen Textvorlage in der Zielsprache. Bei der Auswahl des Textes wurde die vorrausgegangene Thematik einbezogen, so dass die Vorgaben eines adressatengerechten, interkulturellen und situationsangemessenen Wiedergebens im Rahmen der Sprachmittlung bzgl. den Anforderungsbereichen I und II erfüllt sind.

(Erwartungshorizonte: siehe „Bewertung der Schülerleistung" unten.)

Beim **Oral Exam** (Aufgaben auf KV 4.2a, unten abtrennbar) verwenden die SuS aussagekräftige Auszüge des Romans („Story snippets" auf **KVen 4.2b**). Die Prüfung ist in einen monologischen und einen dialogischen Prüfungsteil gegliedert, welche alle Anforderungsbereiche abdecken. Die Prüflinge ziehen je einen Textauszug und gehen mit diesem in einen Vorbereitungsraum, wo ihnen zwanzig Minuten als Vorbereitungszeit zur Verfügung stehen. Dort bereiten sie ihren monologischen und dialogischen Teil unter Verwendung der folgenden Aufgabenstellungen vor:

1. Present and describe the situation in which your extract from the novel takes place.

2. Analyse the function of your extract for the novel and its characters.

3. You are a member of a book club. Your book club has been asked to discuss the most important part of the book with another book club. You think your extract is the most important one, while your partner favors his/hers. Use arguments and discuss which one should be dealt with at the book club meeting.

SuS werden natürlich paarweise geprüft, damit der Dialog zustande kommt. Es stehen auf **(KVen 4.2b)** vierzehn Textauszüge zur Verfügung. Innerhalb eines Paares muss natürlich jede/r S einen anderen, unterschiedlichen Text („snippet") bekommen. Texte können eventuell zwar mehr als ein Mal eingesetzt werden, vorausgesetzt, dass jeglicher Kontakt zwischen SuS (Smartphone!) unterbunden wird.

Individuelle Lösungen (aber siehe beispielsweise: „Darstellungsleistung / sprachliche Leistung" auf Seite 53)

5.3 Bewertung der Schülerleistung

Klausurteil A: Teilleistungen – Kriterien (Schreiben/Lesen integriert)

Inhaltliche Leistung
Teilaufgabe 1 *(Comprehension)*

	Anforderung Der Prüfling	maximal erreichbare Punktzahl
1	*Security measures: fewer people would commit crimes if:* *they knew they were being filmed* *the video recordings were kept forever* *the video cameras were switched on at all times*	4
2	*People that campaigned for increasing the scope and use of permanent surveillance, like Lefebvre und Gary Katz, are seen very positively.*	4
3	*Mae's "theft" (borrowing) of the kayak is used as an argument to demonstrate the vital importance of permanent surveillance.*	4
4	erfüllt ein weiteres aufgabenbezogenes Kriterium (2)	

Teilaufgabe 2 *(Analysis)*

	Anforderung Der Prüfling	maximal erreichbare Punktzahl
1	prüft Baileys überlegene Haltung Mae gegenüber (*huge advantages over Mae*), die sich: • zu Beginn durch seine Körperhaltung (*body language*) / ruhige Art (*subdued, quiet approach*) / allgemeine Frage als Einleitung (*general introductory question*) zeigt (ll.1–2) • später durch „amused grin" (l. 21) bestätigt	4
2	analysiert die stilistischen Mittel, die Bailey einsetzt: • *anaphora / enjambements* (und am Satzanfang: l. 4; l. 6; l. 9) • *ellipses / short answers as reactions* (l. 5; l. 7; l. 10) • *Short sentences*, teils mit *enumeration*, zur leichteren Übernahme seiner Ansichten (l. 4; l. 6–7; l. 12–15; ll. 21–22) • rhetorisch anmutende Fragen, die unterstreichen sollen, dass Mae sich der Lage bewusst ist (ll. 1–2; ll. 6–7; l. 9; l. 15; l. 26)	6
3	analysiert, wie Mae im Verlaufe des Gesprächs durch Baileys Rhetorik immer überzeugter (*more and more convinced*) von SeeChange wirkt: • zunächst durch Verständnis der Situation im Allgemeinen (*by understanding the situation in general*) (ll. 3–9) • weiterhin durch schlechtes Gewissen (*guilty conscience*) (ll. 16–20) und die Angst ihren Job zu verlieren (*fear of losing her job*) (l. 20) • durch die Erleichterung bleiben zu dürfen, vollends von SeeChange überzeugt ist (*relieved to be keeping her job, she is (or: seems to be) completely convinced by SeeChange*) (l. 10)	6
4	erfüllt ein weiteres aufgabenbezogenes Kriterium (2)	

Teilaufgabe 3.1 *(Evaluation: comment)*

	Anforderung Der Prüfling	maximal erreichbare Punktzahl
1	führt situations- und adressatengerecht in die Situation ein, indem er kurz die Vorgeschichte erklärt und auf die Leitgedanken des Circles eingeht und die Ausgangsthese kritisch wertend erörtert	4
2	diskutiert die Vorteile von Geheimnissen und gibt Beispiele, unter Berücksichtigung der Lektüre	4
3	diskutiert die Nachteile von Geheimnissen und gibt Beispiele, unter Berücksichtigung der Lektüre	4
4	formuliert ein schlüssiges Fazit, indem er die Äußerung Baileys bewertet und dabei seine eigene Einschätzung zum Ausdruck bringt.	2
5	erfüllt ein weiteres aufgabenbezogenes Kriterium (2)	

Teilaufgabe 3.2 *(Evaluation: re-creation of text)*

	Anforderung Der Prüfling	maximal erreichbare Punktzahl
1	führt situations- und adressatengerecht in die Situation ein, indem er z. B. Mae anlassbezogen ein Gespräch mit Mercer beginnen lässt oder umgekehrt	3
2	stellt Maes Ansicht detailliert / romanbezogen dar, wie die im Klausurtext genannten Vorteile	3
3	stellt Mercer's Ansicht detailliert und romanbezogen dar und geht hierbei auf die Gefahren der Permanentüberwachung ein, wie z. B. mangelnde Privatsphäre (*lack/loss of privacy*) Unwiderruflichkeit von Fehlern (*it is impossible to reverse mistakes*)	6
4	findet einen angemessenen Abschluss, indem sich Mae und Mercer z. B. streiten und auseinandergehen	2
5	erfüllt ein weiteres aufgabenbezogenes Kriterium (2)	

b) Darstellungsleistung / sprachliche Leistung

Das Referenzniveau des Gemeinsamen europäischen Referenzrahmens (GER) für die Darstellungsleistung / sprachliche Leistung ist im jeweiligen Lehrplan ausgewiesen.

Kommunikative Textgestaltung

	Anforderung Der Prüfling	maximal erreichbare Punktzahl
1	richtet seinen Text konsequent und explizit im Sinne der Aufgabenstellung auf die Intention und den Adressaten aus.	6
2	beachtet die Textsortenmerkmale der jeweils geforderten Zieltextformate.	4
3	erstellt einen sachgerecht strukturierten Text.	4
4	gestaltet seinen Text hinreichend ausführlich, aber ohne unnötige Wiederholungen und Umständlichkeiten.	4
5	belegt seine Aussagen durch eine funktionale Verwendung von Verweisen und Zitaten.	3

Ausdrucksvermögen / Verfügbarkeit sprachlicher Mittel

	Anforderung Der Prüfling	maximal erreichbare Punktzahl
6	löst sich vom Wortlaut des Ausgangstextes und formuliert eigenständig.	4
7	verwendet funktional einen sachlich wie stilistisch angemessenen und differenzierten allgemeinen und thematischen Wortschatz.	6
8	verwendet funktional einen sachlich wie stilistisch angemessenen und differenzierten Funktions- und Interpretationswortschatz.	4
9	verwendet einen variablen und dem jeweiligen Zieltextformat angemessenen Satzbau.	7

Sprachrichtigkeit

	Anforderung Der Prüfling	maximal erreichbare Punktzahl
	beachtet die Normen sprachlicher Korrektheit im Sinne einer gelingenden Kommunikation.	
10	Wortschatz	3
11	Grammatik	3
12	Orthographie	6

Klausurteil B: Teilleistungen – Kriterien (Sprachmittlung)

Teilaufgabe 4 (Mediation)

a) Inhaltliche Leistung

Der Prüfling gibt die wesentlichen Inhalte im Sinne der Aufgabenstellung sinngemäß zusammenfassend wieder.

	Anforderung **Der Prüfling**	maximal erreichbare Punktzahl
1	stellt die Ausgangssituation für die Body-Cams dar: *A third party could begin a lengthy legal claim against the innocent police officer, as there is no video evidence of the case.*	18
2	nennt die positiven Auswirkungen (*positive outcome*) der Body-Cams: • *The case was solved more quickly.* • *People will hesitate before attacking a police officer.* • *People are less likely to give false evidence.*	
3	schildert die Erfahrungen der Polizei in Frankfurt/M. • *Initial scepticism was replaced by praise after positive experiences.* • *When they realised they were being filmed, even drunken suspects were less aggressive* • *when they were stopped and checked.*	
4	erfüllt ein weiteres aufgabenbezogenes Kriterium (2)	

6. Kopiervorlagen für den Unterricht

Social media – what do you know?

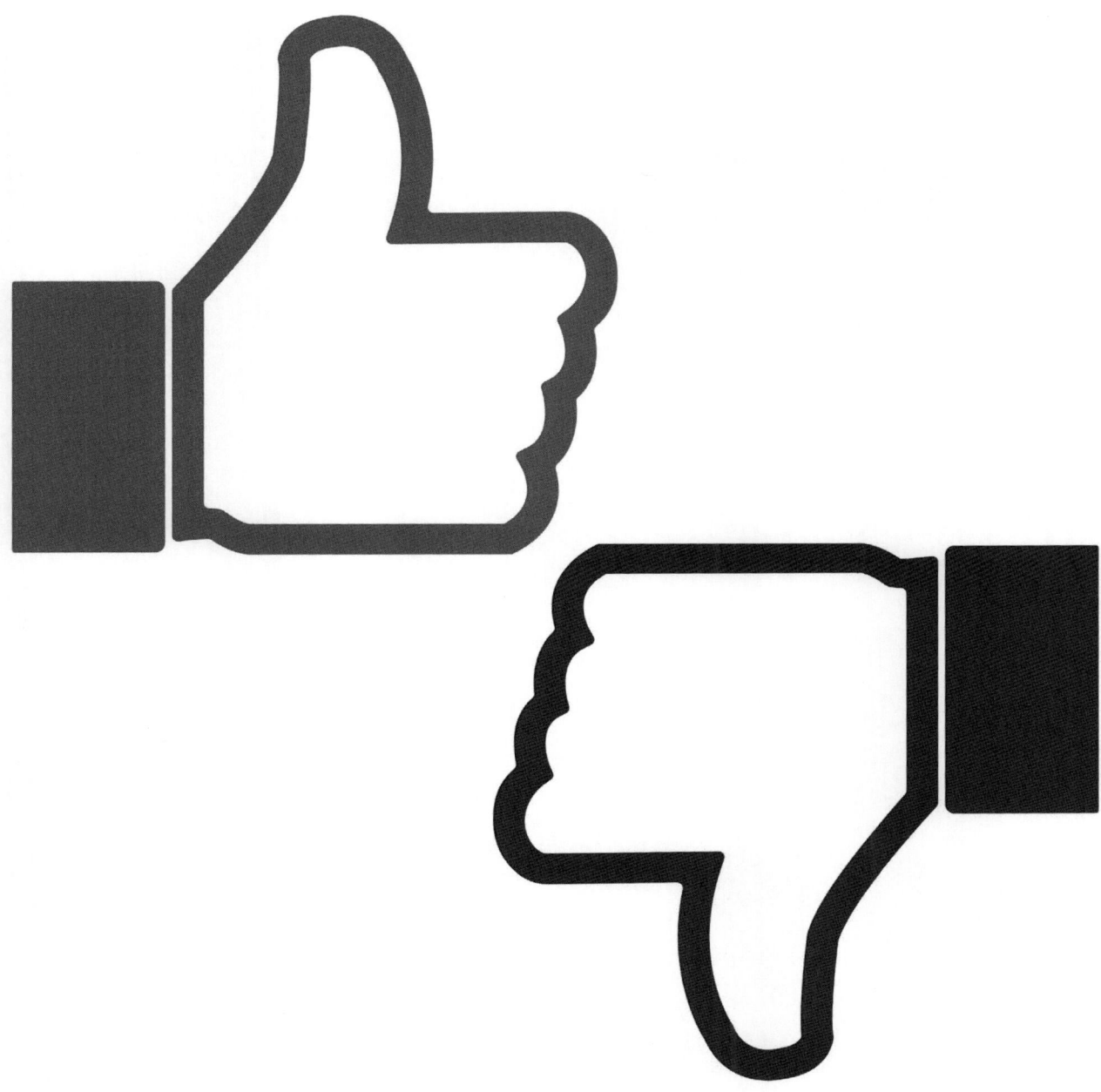

Social media – blessing or curse?

Task 1: Work with a partner: Work with your English social media network profiles. Summarize the information offered on the profile. By doing so, describe the character of the person from the perspective of (a) a friend, (b) a teacher and (c) a possible future employer.

Task 2: Team up with another pair. Compare the advantages and disadvantages of social media networks.

Advantages	Disadvantages

© Ernst Klett Sprachen GmbH, Stuttgart 2016 | www.klett-sprachen.de | Alle Rechte vorbehalten
Kopieren für den eigenen Unterrichtsgebrauch gestattet.
ISBN 978-3-12-573853-9

Klett

Welcome to the Circle

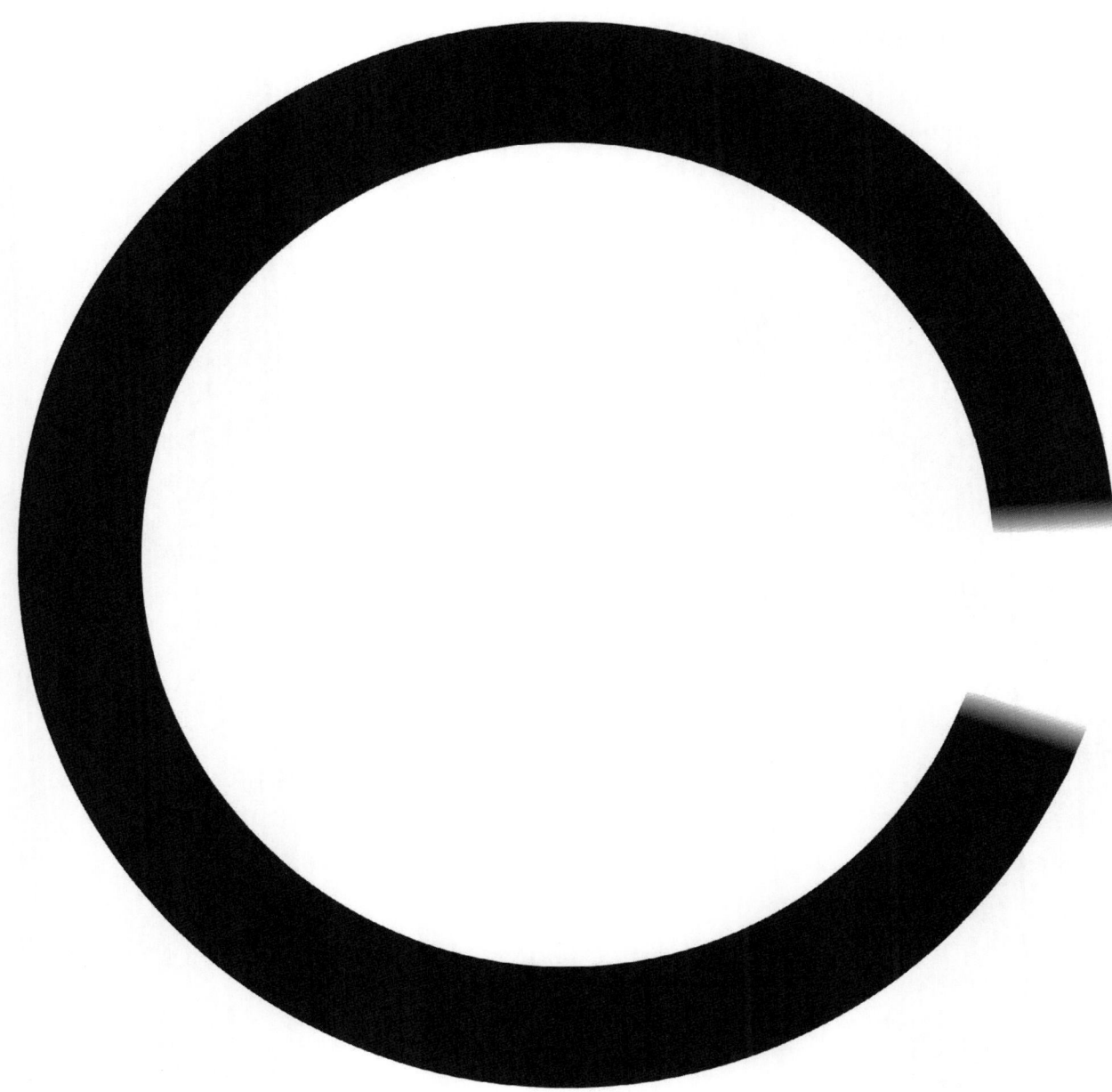

Welcome to the Circle

Task:

1. *You are going to be assigned to a topic together with a maximum of three other students. Analyse the scenes given to your group, focussing on the features of the Circle, and prepare a description of the Circle.*

2. *Take part in a fish bowl discussion in which you will assess whether the Circle is an open or a closed system.*

Observation Task
The Circle – A closed or open system?

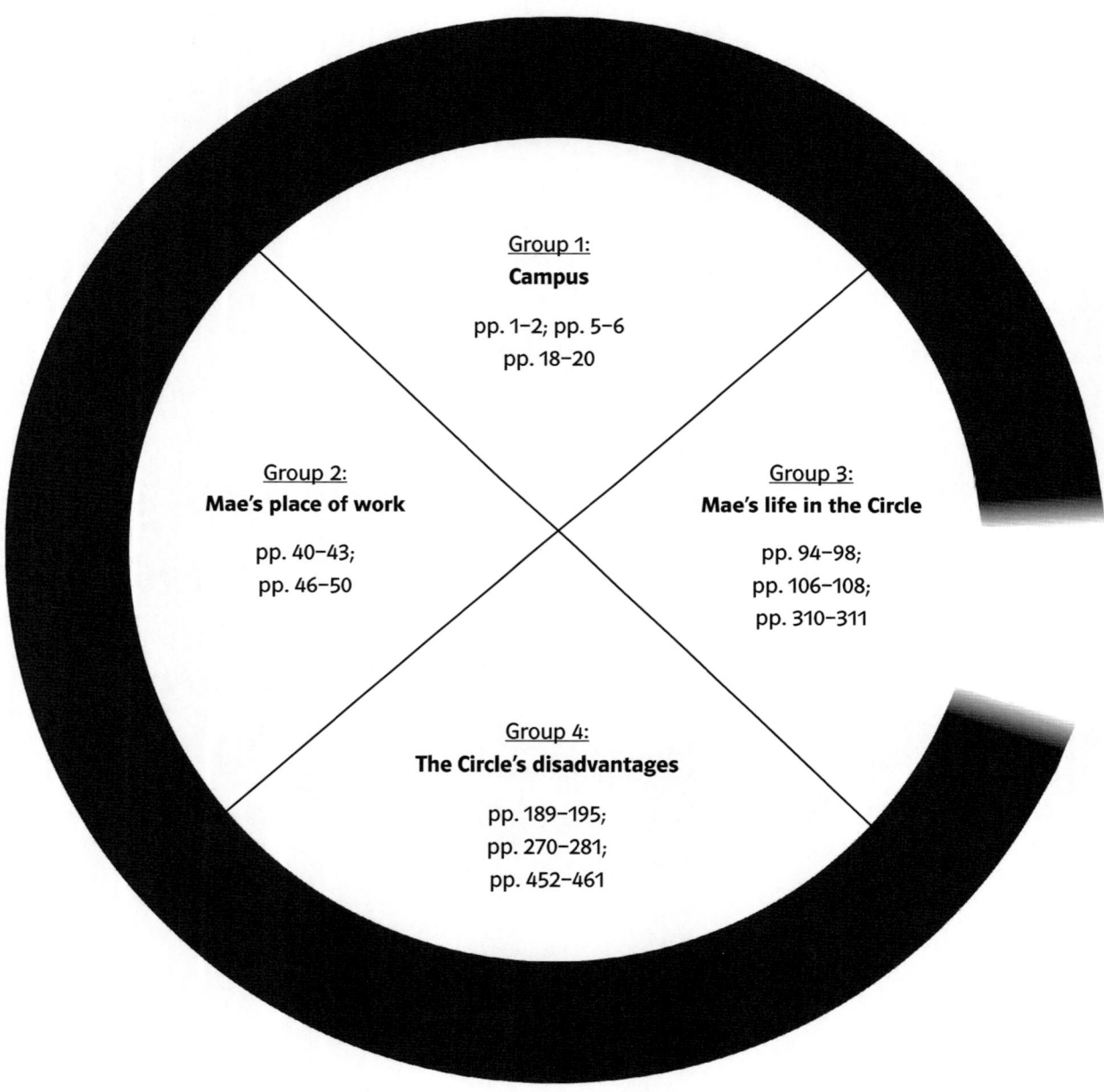

Group 1:
Campus

pp. 1–2; pp. 5–6
pp. 18–20

Group 2:
Mae's place of work

pp. 40–43;
pp. 46–50

Group 3:
Mae's life in the Circle

pp. 94–98;
pp. 106–108;
pp. 310–311

Group 4:
The Circle's disadvantages

pp. 189–195;
pp. 270–281;
pp. 452–461

Klett

The Circle: a closed or open system?

The Circle as a closed system	The Circle as an open system

Merkel meets Zuckerberg

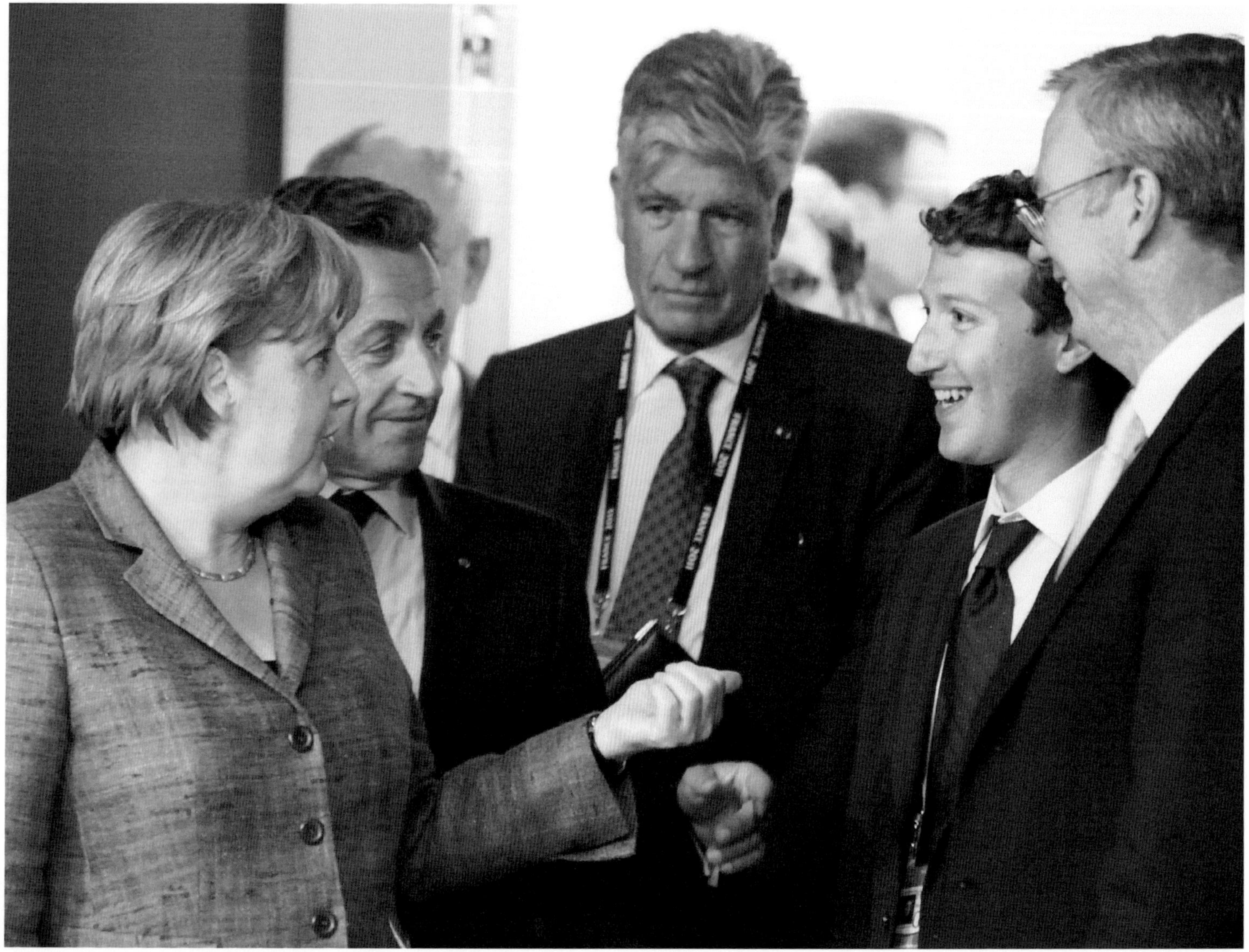

(1) Describe the picture.

(2) Analyse the picture/situation (e.g. What are they talking about?)

(3) Make a personal statement/opinion (e.g. Reflect on the importance of their meeting.)

Facebook Initiative

You work for the British "Bilingual Classroom Today" debating club. The host asks you to give a presentation to students about Facebook and hate campaigns. You are given this *Spiegel* article.
1. *Point out the most important information of the article (in English!).*
2. *Prepare your presentation. You can prepare cue cards as well.*

Sheryl Sandberg in Berlin: Facebook kündigt Initiative für "Gegenrede" an
Von Melanie Amann und Marcel Rosenbach

Facebook will sein Image in Deutschland polieren. Top-Managerin Sheryl Sandberg reist an ...

5 [...]

Bislang hatte sich Facebook in der Debatte um Hass und Hetze nur in Trippelschritten bewegt. Fahrt nahm die Debatte Ende August 2015 auf, als Bundesjustizminister Heiko Maas das soziale Netzwerk per offenem Brief dazu aufforderte, fremdenfeindliche und hetzerische Postings „wirksam zu bekämpfen". Der Minister lud Vertreter des Netzwerks zum Gespräch in sein Ministerium vor, und berief im September eine „Task Force" ein, in die neben
10 Facebook, YouTube und Twitter auch Jugendschutzorganisationen Vertreter entsandten.

Die Ergebnisse der Arbeitsgruppe wirkten eher dünn, aber am Ende konnte Maas einen kleinen Erfolg vorweisen: Facebook verpflichtete sich, Hasskommentare innerhalb von 24 Stunden zu prüfen und eventuell zu löschen, und zwar am Maßstab des deutschen Rechts, nicht nach Facebooks selbst gesetzten "Community Standards" – eigentlich eine Selbstverständlichkeit.
15 Nun will Sandberg wohl deutlicher zeigen, dass den Worten Taten folgen. Offenbar nimmt Facebook das Störfeuer aus Deutschland inzwischen ernster als in der Vergangenheit, als Bundesminister wie Ilse Aigner (CSU) noch meinten, mit ihrem Austritt aus Facebook eine Drohkulisse gegen die weltumspannende Plattform aufbauen zu können.

Merkel traf Zuckerberg

Dabei könnte aber auch eine Begegnung zwischen Angela Merkel und Mark Zuckerberg eine Rolle gespielt haben:
20 Im September wurde Merkel bei einer Uno-Veranstaltung Zuckerberg als Tischnachbar zugewiesen, und sie sprach ihn auf die Hassparolen an. "Ich denke, wir müssen daran arbeiten", sagte Zuckerberg. Auf Merkels Nachhaken, ob Facebook die Situation wirklich verbessern werde, antwortete er "Ja" – der Austausch wurde unfreiwillig öffentlich durch ein irrtümlich eingeschaltetes Tischmikrofon. [...]

Argumente statt Sanktionen

25 Doch stets verweigerten die Konzernvertreter detaillierte Auskünfte – sogar in zentralen Fragen wie der Zahl der deutschen Muttersprachler, die von Nutzern gemeldete Einträge prüfen. Facebook ließ nur durchblicken, dass man nicht auf Sanktionen setzen wolle, sondern lieber auf die selbstreinigende Kraft der Community mit ihren 1,5 Milliarden Nutzern. Dieses Konzept der "Gegenrede" setzt auf die Idee, dass sachliche und überzeugende Argumente aus der Facebook-Gemeinschaft viel effektiver sein können, als harte Sanktionen wie das Löschen von
30 Inhalten oder gar die Sperrung ganzer Accounts.

Nun ändert sich die Strategie. Dass eine Top-Managerin wie Sandberg eigens nach Berlin reist, zeigt: Dem Internetriesen ist es ernst mit dem Thema "Hate Speech". Trotzdem sind die Organisationsstrukturen der neuen Initiative noch denkbar diffus: Ob dafür ein guter alter Verein nach deutschem Recht gegründet wird oder eine internationale Organisation, ob es überhaupt einen festen juristischen Rahmen gibt, ist unklar.
35 Das gilt auch für die konkreten Inhalte der Initiative, was man konkret tun will gegen "Hate Speech": Bekannt sind vorerst nur die drei Kooperationspartner, allen voran Peter Neumann, Kopf des "International Center for the study of Radicalisation and Political Violence", dessen Institut sich seit acht Jahren mit dem Thema Hassbotschaften befasst. Dazu kommen das Institute for Strategic Dialogue und die Amadeu Antonio Stiftung, beides Organisationen, die seit längerer Zeit gegen radikale Hetze in sozialen Medien arbeiten.

© Der Spiegel, 2016

Mae's life at the Circle – temperature chart

Task: *Analyse Mae's attitude towards the Circle by researching significant scenes of the novel.*

page no.

$(+)$

$(\textbf{I})$

 Klett

Mae's life at the Circle – quotes (Level 1)

Look at these text extracts and put them into the order as they appear in the book. Find suitable adjectives to illustrate Mae's attitude towards the Circle, then match the excerpts with the co-ordinates in the graph.

Nr.	Textstelle – Inhalt	Mae's attitude towards the Circle (adjectives)
	Mae sat in the back of the squad car [...] her arms cuffed behind her, [...]. "And the other warning came from one of your own cameras, Ms. Lefebvre." [...] "It is. Mae, this is serious stuff." He knew. God, he knew. In some recess of her mind Mae realized that the Circle must have some web alert to notify them anytime a staff member was charged or questioned by the police.	
	Mae knew that she never wanted to work—never wanted to be anywhere else. [...] Outside the walls of the Circle, all was noise and struggle, failure and filth. But here, all had been perfected. The best people had made the best systems and the best systems [...]. Who else but utopians could make utopia?	
	Mae's mouth went dry. There was something very wrong.[...] Mae continued fumbling. What did she know? There had been a brunch, that much was certain.	
	Mae had not reached her parents in a few months now [...]. They would find each other, soon enough in a world where everyone could know each other truly and wholly, without secrets [...]. She would bring this up with Stenton and Bailey, with the Gang of 40, at the earliest opportunity. They needed to talk about Annie, the thoughts she was thinking.	
	"My God, Mae thought. It's heaven." [...] Mae thrilled a bit at those words, *your desk*, and immediately she thought of her dad. He was *proud*.	
	"Mae." She wanted to hear it again, so she said nothing. "Mae." It was a young woman's voice, a young woman's voice that sounded bright and fierce and capable of anything. "Mae." It was a better, more indomitable version of herself. "Mae." She felt stronger every time she heard it.	
	In quick succession, two waves passed over Mae. First, profound unease that Annie had been listening without her knowledge, followed by a wave of relief, knowing her friend had been with her [...]. Mae was holding a pair of beautiful jeans, and she was sure they did not yet exist in the world.	

Mae's life at the Circle – Support material (Level 2)

pp.1–3: Mae is shy, insecure, looking for Annie.

pp.15–16: Mae is advised to start at the bottom; she has a good chance of getting promoted.

pp.42–43: Mae gets a new tablet and phone → thrilled.

pp.94–95: Mae is assigned a Zing account → insecure, frustrated.

pp.128–130: Mae's fascination with the media's possibilities, she tries to convince Mercer and her family.

pp.156–157: The Circle health care system gets extended by the bracelet → she is invincible.

pp.190–191: Mae's Parti Rank increases → feels more self-confident.

pp.219–221: sexual encounter with Kalden → she feels both self-confident and insecure simultaneously → Kalden shows her ambivalent character to the reader.

pp.260–261: discussion with Mercer → Mae accused of having become boring.

pp.262–272: kayak tour as a journey to herself.

pp.276/291/303: Mae feels useless and worthless / her identification with her job is stronger than with her old life / Mae is convinced that she's becoming transparent (after the dialogue with Bailey).

pp.315: Mae does jobs which are against her convictions, just to impress her viewers.

pp.348 ff. : Annie and Mae's relationship is obviously becoming weaker → Mae does not recognize that she is behaving superficially when Annie feels bad.

pp.359 ff: Mae visits her parents → she feels like a stranger with them.

pp.366 ff: Mercer's letter → Mae has become dependent on viewers' reactions.

pp.377: The processed spoken voice makes Mae feel at home.

pp.381 f: Mae rates Francis a sexual 100 although he orgasms before sex → she starts working more and against her convictions.

pp.396 ff: Mae wants complete transparency / Demoxie.

pp.433: Mercer's letter → Mae identifies more with her viewers than with her past.

pp.452–461: Mercer's SoulSearch and death → she feels no real guilt.

pp.477–486: Ty informs her about her responsibility, reminding her of Mercer.

Book III: Mae closes the Circle and is convinced everybody should know everything.

The Three Wise Men

Task I:

Describe the characters of the Three Wise Men. Focus on their major functions.
You will be assigned to one of the Three Wise Men.

First you will work alone. When you have finished, you will meet another person who worked on the character
of the same Wise Man. ("Bus Stop Method")

Task II:

Work in groups of three and describe the function of the Three Wise Men by focusing on the character traits
analyzed above. Organize your findings in and around the triangle below.

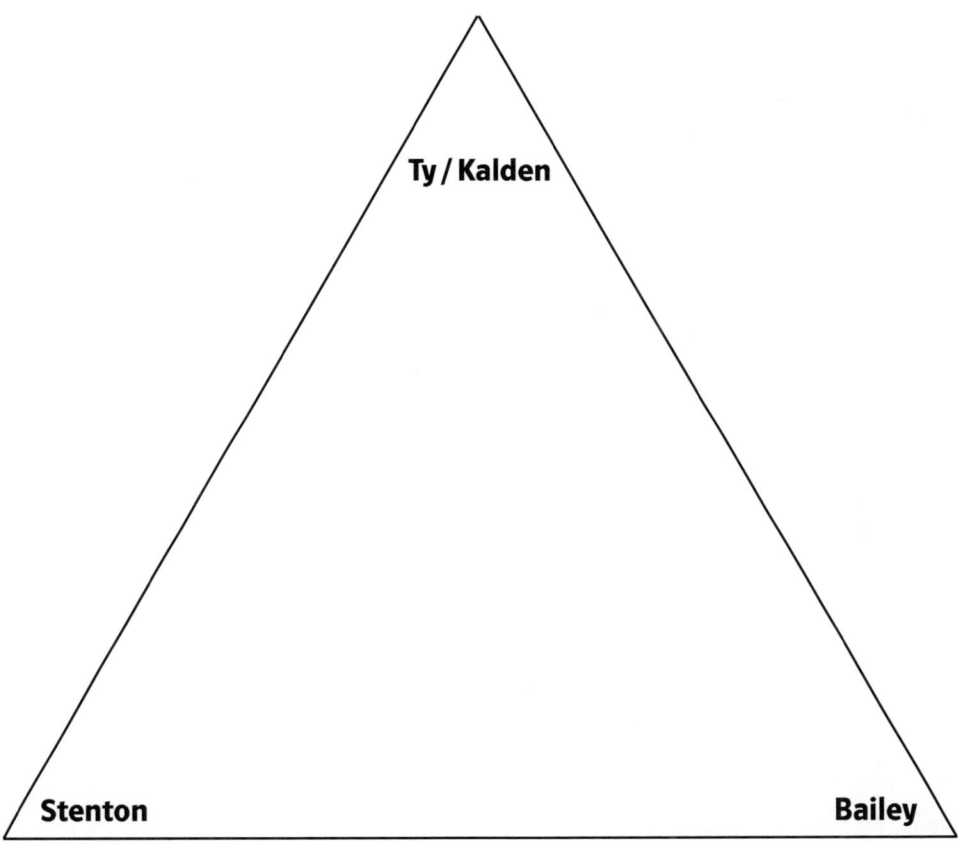

Task III:

Present your findings to the class and discuss them as you worked on them in Task II. Add more information
if necessary.

Mae and Annie's state-of-friendship-walk

	Page	Text reference/quotation	Relationship [Mae & Annie]
1	p. 2	Mae wouldn't have thought she had a chance to work at such a place, but for Annie. [...] they'd roomed together [...] their extraordinary bond [...] like friends, [...] sisters or cousins [...].	
2	p. 15	"I'll be watching you," Annie said, "and every time you do something great I'll be making sure everyone knows about it [...]. So you just do well and keep your head down and you'll be shocked how quickly you'll be out of Customer Experience and into something juicy."	
3	p. 109	In quick succession, two waves passed over Mae. First, profound unease that Annie had been listening without her knowledge, followed by a wave of relief, knowing her friend had been with her, even if remotely, and could confirm that Mae would survive.	
4	pp. 159–162	"Why didn't you tell me sooner?" Annie said that night. [...] "I didn't know your parents had this insurance nightmare. [...] Well put both of them on. [...]." Mae called her parents, telling her mom first, then her dad, [...] more praise for Annie as the savior of the family.	
5	p. 225	At that moment, Mae knew she would begin lying to Annie. Mae wanted to be with Kalden again, [...] and she didn't want Annie to do anything to jeopardize her access to him [...].	
6	p. 246	Why lie to Annie? Mae asked herself, not knowing the answer but knowing she would lie to her anyway. [...] Telling Annie at all would precipitate a big series of lies, big and small, [...].	
7	pp. 352–353	Something had crept into Annie's voice that Mae recognized as envy, [...]. Nothing was right. [...] "Thank *you*! Mae, your confidence in me will be the wind beneath my wings." Mae chose to ignore the sarcasm.	
8	p. 441	Annie wanted to hide, to suffer alone, to cover up. And Mae wanted to honor this, to be loyal. But could loyalty to one trump loyalty to millions? [...] Mae needed to help Annie [...].	
9	pp. 489–491	In the quiet of the clinic, sitting next to Annie, Mae's mind wandered. She (Annie) collapsed at her desk [...]. There was so much Mae wanted to tell Annie. [...] But Mae had feigned her cooperation [...].	

Klett

Is the Circle already reality?

Task:

Is The Circle a piece of Utopian / Dystopian literature?
There are going to be three groups. Each group focusses on one of the aspects below.

First of all, work alone. When you have finished, you will meet another person who has done the same task. Interview each other and exchange information. (Bus Stop Method / Partner Interview). Take notes only and work with the text! At the end, there will be a book club meeting, in which the question will be discussed: "Is The Circle already reality?"

1. Utopia	2. Dystopia	3. Reality

Conclusion:

Mae's development – the American Dream?

American Dream	American Nightmare

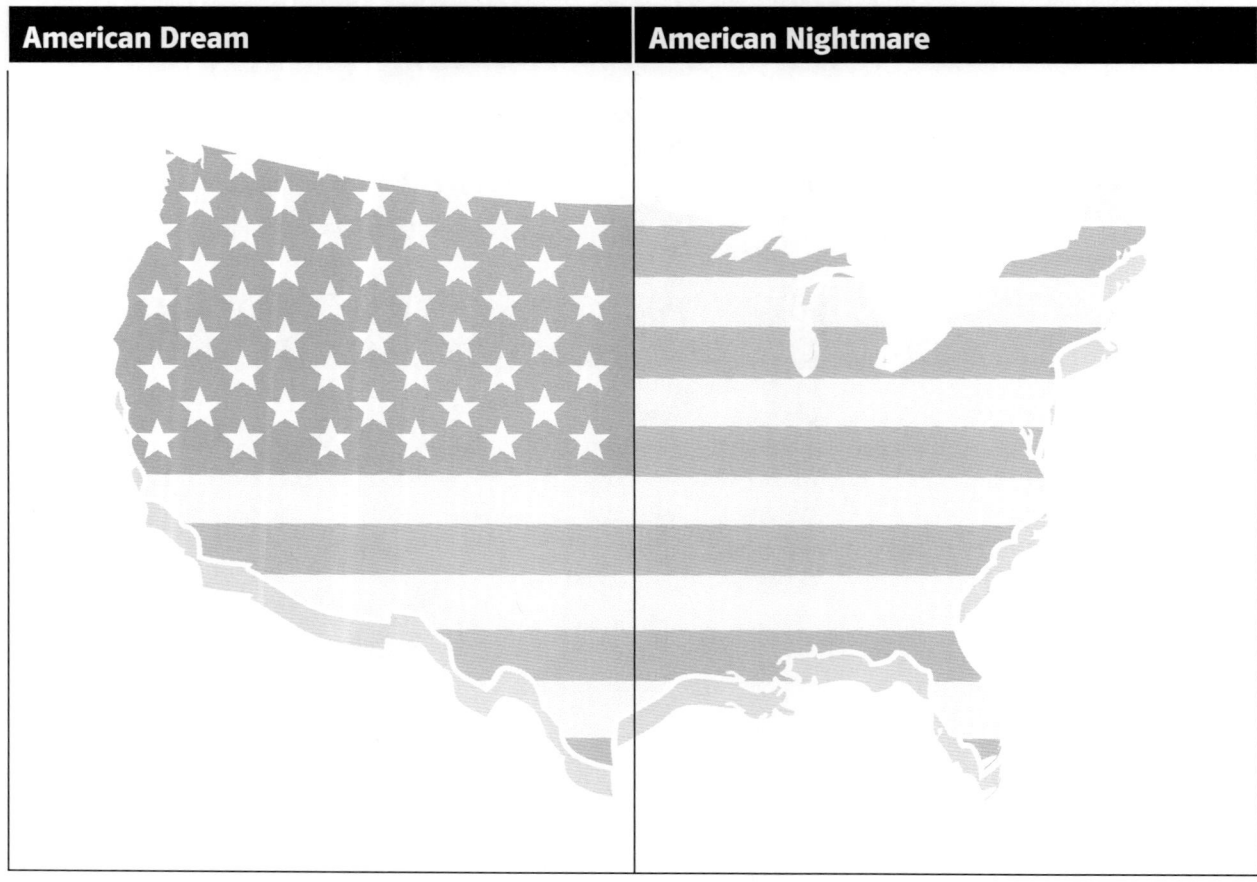

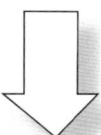

Mae

Shark or seal: opposing elements in The Circle

Tasks:

Work in pairs.

1. *Collect opposing elements in The Circle, such as the shark and the seal. Organize them in the table below.*
   → *When you have found four elements, go and write them on the board.*

Element	Page no.		Opposing element	Page no.
the shark / the tank			the seal / the bay	

2. *Agree on one of the elements on the board and analyze and contrast its function in relation to the Circle and the Circlers.*

The Circle as a workplace – pressure and privacy

Tasks:

There is going to be a report about Mae's very impressive career in a magazine for young entrepreneurs. You are the investigating reporter. The title of your article shall be: "The Circle as a workplace – pressure and privacy". Organize your findings around the picture below.

Finished? Pair up at a bus stop and write the article.

Klett

Klausur

Klausurteil A
pp. 280–281 of *The Circle*

He put his cup on the table next to him and rested his hands on his lap, his palms in a gentle embrace. "So in general, would you say you behave differently when you know you're being watched?"

"Sure. Of course."

"And when you'll be held accountable."

5   "Yes."

"And when there will be a historical record. That is, when or if your behavior will be permanently accessible. That a video of your behavior, for example, will exist forever."

"Yes."

"Good. And do you remember my talk from earlier in the summer, about the ultimate goal of SeeChange?"

10   "I know it would eliminate most crime, if there was full saturation."

Bailey seemed pleased. "Right. Correct. Everyday citizens, like Gary Katz and Walt Lefebvre in this instance, because they took the time to set up their cameras, they help keep us all safe. The crime was minor in this case, and there were no victims, thank god. You're alive. Marion's business, and the kayaking industry generally, lives to see another day. But one night of selfishness from you could have risked it all. The

15   individual act has reverberations that can be nearly endless. Do you agree?"

"I do. I know. It's unconscionable." And here Mae again had the feeling that she was a very short-sighted person, who repeatedly jeopardized all she'd been given by the Circle.

"Mr. Bailey, I can't believe I did this. And I know you're wondering if I fit in here. I just want you to know how much I value my position here and your faith in me. And I want to honor that. I'll do anything to make this

20   up to you. Seriously, I'll take on any extra work, I'll do anything. Just tell me."

Bailey's face broke into a highly amused grin. "Mae, your job isn't in jeopardy. You're here for good. Annie's here for good. Sorry if you believed otherwise, for even a second. We don't want either of you to ever leave."

"That's very good to hear. Thank you," Mae said, though her heart was hammering harder now.

He smiled, nodding, as if happy and relieved to have all that settled. "But this whole episode gives us a very

25   important teachable moment, don't you think?" The question seemed rhetorical, but Mae nodded anyway.

"Mae," he said, "when is a secret a good thing?"

Klausurteil B – Mediation

In Frankfurt wurde 2013 das „Pilotprojekt Body-Cam Frankfurt" zunächst im Kneipenviertel getestet und dann auf die Innenstadt ausgeweitet. Wegen seiner positiven Effekte wird nun ein großflächiger Einsatz diskutiert. Grundlage hierfür ist z. B. die Situation, in der sich ein unbeteiligter Dritter in eine Kontrollsituation mit einem stark angetrunkenen und aggressiven Passanten einmischte und die

5 *Polizeibeamten angriff und den Vorgang behinderte.*

Dieser unbeteiligte Dritte klagte später, er sei misshandelt worden, was ein langwieriges Verfahren nach sich zog. Ein Video hätte den Vorgang beschleunigen und das Verfahren verhindern können. Dieser Vorfall initiierte die Forderung nach sogenannten Body-Cams, also Kameras, die von den Beamten am Körper getragen werden.

10

[…]

Die Hemmschwelle des Störers der Kontrollsituation könnte aufgrund des Einsatzes von Kameras deutlich höher liegen, und zwar sowohl im Hinblick auf die mögliche Störung als auch in Bezug auf die

15 nachträgliche falsche Behauptung gegenüber Pressevertretern.

[…]

Es zeigte sich weiterhin, dass die Anzahl der Widerstände, bei denen Polizeibeamte (schwer) verletzt

20 wurden, mit Hilfe des neuen Einsatzmittels auf null zurückging.

Auch die Kollegen der Frankfurter „Versuchsreviere" sind größtenteils von dem Einsatz der Body-Cams sowie den daraus resultierenden Effekten überzeugt; auch diejenigen, die einem solchen Pilotprojekt zunächst skeptisch gegenüberstanden:

25 *„Ich war anfangs skeptisch gegenüber der Kameratechnik, ich war mir nicht sicher, wie unser Gegenüber auf den Einsatz von Filmtechnik reagiert. Außerdem habe ich bezweifelt, dass stark alkoholisierte Personen sich von dem Einsatz der Kameras abschrecken lassen; ich bin sogar eher davon ausgegangen, dass die sich dadurch provoziert fühlen. […] Ich muss sagen, dass ich mich ganz schön geschnitten habe! Ich habe das Gefühl, dass die Kontrollierten und Passanten uns respektvoller behandelten. Die waren in der Kontrolle freundlich und haben sich zusammengerissen, auch trotz Alkoholisierung."*

(S. H., Polizeibeamtin aus Frankfurt).

Autor: Marcel Müller. Aus: Body-Cam: *Eine Erfolgsgeschichte nimmt ihren Lauf.* (2014).
In: *Deutsche Polizei, Jg. 63, Heft 7, Landesjournal Hessen,* S. 2–4.

Klausur: Aufgaben

Klausurteil A – Schreiben und Leseverstehen

Tasks:

(1) Describe Mae's and Bailey's views on permanent surveillance and the reasons they offer in favor of it.

(2) Analyse the stylistic means as well as the means of communication Bailey uses to convince Mae of permanent surveillance, focussing also on Mae's reactions.

(3) Comment OR reproduction of the text:

(3.1) Discuss Bailey's question: "When is a secret a good thing?" Refer critically to the Core Beliefs of the Circle.

OR

(3.2) Imagine a dialogue between Mae and Mercer on Mae's conversation with Bailey. Write the dialogue.

Klausurteil B – Sprachmittlung

Scenario:
Bailey has invited you to the "Dream Friday" meeting to hold a short speech on the feedback from the Frankfurt police about their experiences with BodyCams. In order to convince the Circlers of SeeChange, you have been handed the newspaper article below.
Use the given information and write the speech (in English, of course).

Oral Exam

Monologischer Prüfungsteil
1. *Present and describe the situation in which your extract from the novel takes place.*
2. *Analyse the function of your extract for the novel and its characters.*

Dialogischer Prüfungsteil
3. *You are a member of a book club. Your book club has been asked to discuss the most important part of the book with another book club. You think your extract is the most important one, while your partner favors his/hers. Use arguments and discuss which one should be dealt with at the book club meeting.*

Oral exam – story snippets

p. 1, lines 2–12

The campus was vast and rambling, wild with Pacific color, and yet the smallest detail had been carefully considered, shaped by the most eloquent hands. On land that had once been a shipyard, then a drive-in movie theater, then a flea market, then blight, there were now soft green hills and a Calatrava fountain. And a picnic area, with tables arranged in concentric circles. And tennis courts, clay and grass. And a volleyball court, where tiny children from the company's daycare center were running, squealing, weaving like water. Amid all this was a workplace, too, four hundred acres of brushed steel and glass on the headquarters of the most influential company in the world. The sky above was spotless and blue.

p. 2, lines 13–18

Mae wouldn't have thought she had a chance to work at such a place, but for Annie. Annie was two years older and they'd roomed together for three semesters in college, in an ugly building made habitable through their extraordinary bond, something like friends, something like sisters or cousins who wished they were siblings and would have reason never to be apart.

p. 49, lines 13–20

"Now, that doesn't mean you just paste the answer in and send it back. You should make each response personal, specific. You're a person, and they're a person, so you shouldn't be imitating a robot, and you shouldn't treat them like they're robots. Know what I mean? No robots work here. We never want the customer to think they're dealing with a faceless entity, so you should always be sure to inject humanity into the process. That sound good?"

Mae nodded. She liked that: *No robots work here.*

p. 94, lines 15–23

Gina frowned.

Mae backtracked, masking her miscalculation with a laugh. "No, in a good way! But I haven't had time yet to do extracurricular stuff."

Gina tilted her head and cleared her throat theatrically. "That's so interesting you put it that way," she said, smiling, though she didn't seem happy. "We actually see your profile, and the activity on it, as integral to your participation here. This is how your coworkers, even those on the other side of campus, know who you are. Communication is certainly not extracurricular, right?"

© Ernst Klett Sprachen GmbH, Stuttgart 2016 | www.klett-sprachen.de | Alle Rechte vorbehalten
Kopieren für den eigenen Unterrichtsgebrauch gestattet.
ISBN 978-3-12-573853-9

Oral exam – story snippets

---

p. 106, lines 16–24

Dan turned to him. "Alistair, c'mon. We know you're hurting, but let's keep it in perspective." Dan turned to Mae. "I'll point out the obvious. Mae, we're talking about Alistair's Portugal brunch."

Dan let the words linger, expecting Mae to jump in, but Mae had no idea what those words meant: Alistair's Portugal brunch? Could she say she had no idea what that meant? She knew she couldn't. She'd been late to the feed. This must have something to do with that.

"I'm sorry," she said. She knew she would have to tread water until she could figure out what all this was about.

---

p. 111, lines 12–24

"It's like one of those gift bag places for celebrities, right?"

Mae scanned the room. There were products spread all over dozens of tables and platforms. But here, instead of jewelry and pumps there were sneakers and toothbrushes and a dozen types of chips and drinks and energy bars.

Mae laughed. "I'm guessing this is free?"

"For you, for very important people like you and me, yes."

"Jesus Christ. All of this?"

"Yup, this is the free sample room. It's always full, and this stuff needs to get used one way or the other. We invite rotating groups in—sometimes it's programmers, sometimes CE people like you. Different group every day."

"And you just take whatever you want?"

---

p. 203, lines 25–28 and p. 204, lines 1–6

"Francis. I can't believe this. Delete that. Now."

"Did you say 'delete'?" he said, jokingly, but the meaning was clear: We don't delete at the Circle. "I have to have a way to see it myself."

"Then everyone can see it."

"I won't advertise it or anything."

"Francis. Please."

"C'mon, Mae. You have to understand how much this means to me. I'm not some stud. This is a rare occasion for me, to have something like this happen. Can't I keep a memento of the experience?"

Oral exam – story snippets

p. 230, lines 20–28 and p. 231, lines 1–4

Mae heard her own voice say her name, in something just above a whisper. It was very intimate and sent a strange swirling wind through her.

"That's your own voice, right?"

Mae was flushed, bewildered—it didn't sound like her at all—but she managed to nod.

"The program does a voice capture from your phone and then we can form any words. Even your own name! So that should be your second signal?"

"Yes," Mae said. She wasn't sure she wanted to hear her own voice saying her own name, repeatedly, but she knew, too, that she wanted to hear it again as soon as possible. It was so odd, just a few inches from normal.

p. 257, lines 8–18

"Why? You haven't even heard the best part. On DesignMind, you already have 122 smiles. That's an incredible amount to get so quickly. And they have a ranking there, and you're in the top fifty for today. Actually, I know how you could raise that—" At the same time, it occurred to Mae that this kind of activity would surely get her PartiRank into the 1,800s. And if she could get enough of these people to buy the work, it would mean solid Conversion and Retail Raw numbers—

"Mae. Stop. Please stop." Mercer was staring at her, his eyes small and round. "I don't want to get loud here, in your parents' home, but either you stop or I have to walk out."

p. 303, lines 14–28

PRIVACY IS THEFT

Mae turned to look at the three lines together. She blinked back tears, seeing it all there. Had she really thought of all that herself?

SECRETS ARE LIES
SHARING IS CARING
PRIVACY IS THEFT

Mae's throat was tight, dry. She knew she couldn't speak, so she hoped Bailey wouldn't ask her to. As if sensing how she felt, that she was overcome, he winked at her and turned to the audience.
"Let's thank Mae for her candor, her brilliance, and her consummate humanity, can we please?"
The audience was on its feet. Mae's face was on fire.

p. 323, lines 5–12

What had he meant when he warned of the completion of the Circle? She didn't even know what Completion meant. No one did. The Wise Men had recently begun to hint about it, though. One day, in new tiles all over campus, cryptic messages had appeared: THINK COMPLETION and COMPLETE THE CIRCLE and THE CIRCLE MUST BE WHOLE, and these slogans had stirred up the desired intrigue. But no one knew what it meant, and the Wise Men weren't telling.

© Ernst Klett Sprachen GmbH, Stuttgart 2016 | www.klett-sprachen.de | Alle Rechte vorbehalten
Kopieren für den eigenen Unterrichtsgebrauch gestattet.
ISBN 978-3-12-573853-9

Oral exam – story snippets

p. 408, lines 23–28 and p. 409, lines 1–5

Mae wrapped up the conversation with Annie and walked slowly, foggy-headed, back through campus, knowing Annie was satisfied in how she'd communicated her news, and trumped and thoroughly confused Mae, all in one brief encounter. Annie had been appointed the center of PastPerfect and Mae hadn't been told, and was made to look idiotic. Certainly that would have been Annie's goal. And why Annie? It didn't make sense to go to Annie, when it would have been easier to have Mae do it; Mae was already transparent.

Mae realized that Annie had asked for this. Begged the Wise Men for this. Her proximity to them had made it possible. And so Mae was not as close as she'd imagined; Annie still held some particular status.

p. 430, lines 20–28 to p. 431, line 1

Mae,

I know I said I wouldn't write again. But now that Annie's on the verge of ruin, I hope that gives you some pause. Please tell her she should cease her participation in that experiment, which I assure you and her will end badly. We are not meant to know everything, Mae. Did you ever think that perhaps our minds are delicately calibrated between the known and the unknown? That our souls need the mysteries of night and the clarity of day? You people are creating a world of ever-present daylight, and I think it will burn us all alive.

p. 465, lines 8–18

Mae's thoughts had followed the same path. After Mercer's death, after Annie's collapse, when Mae felt so alone, she felt the tear opening up in her again, larger and blacker than ever before. But then watchers from all over the world had reached out, sending her their support, their smiles—she'd gotten millions, tens of millions—she knew what the tear was and how to sew it closed. The tear was not knowing. Not knowing who would love her and for how long. The tear was the madness of not knowing—not knowing who Kalden was, not knowing Mercer's mind, Annie's mind, her plans. Mercer would have been saveable —would have been saved—if he'd made his mind known, if he'd let Mae, and the rest of the world, in.

p. 491, lines 16–24

Another burst of color appeared on the screen monitoring the workings of Annie's mind. Mae reached out to touch her forehead, marveling at the distance this flesh put between them. What was going on in that head of hers? It was exasperating, really, Mae thought, not knowing. It was an affront, a deprivation, to herself and to the world. She would bring this up with Stenton and Bailey, with the Gang of 40, at the earliest opportunity. They needed to talk about Annie, the thoughts she was thinking. Why shouldn't they know them? The world deserved nothing less and would not wait.

7. Bibliographie

Literatur

Brenner, Gerd, Brenner, Kira, *Fundgrube Methoden I – Für alle Fächer*, Cornelsen Skriptor, Berlin, 2010

Brenner, Gerd, *Fundgrube Methoden II – Für Deutsch und Fremdsprachen*, Cornelsen Skriptor, Berlin, 2010

Eggers, Dave, *The Circle*, Penguin Books, London, 2013

Grieser-Kindel, Christin, Henseler, Roswitha, Möller, Stefan, *Method Guide 1 – Methoden für den Englischunterricht Klasse 5 – 13*, Schöningh, Paderborn, 2016

Grieser-Kindel, Christin, Henseler, Roswitha, Möller, Stefan, *Method Guide 2 – Methoden für den Englischunterricht Klasse 5 – 13*, Schöningh, Paderborn, 2016

Haß, Frank (Hrsg.), *Fachdidaktik Englisch – Tradition – Innovation – Praxis*, Klett Verlag, Stuttgart, 2012

Lütge, Christiane (Hrsg.), *Englisch Methodik Handbuch für die Sekundarstufe I und II*, Cornelsen Skriptor, Berlin, 2016